アジアパー伝中国編で鴨ちゃんが中国にいりびたっているので
私もちょっこら上海に行ってみた。
お父さーん
会社のカード上限200万円きっちり使い込みやがって
ちょっぷ
上海でどこに行った何を買ったきっちり現場検証させてもらうでっ

ここがねー上海で一番はやってるラーメン屋
こっちのは日本みたいにこったスープでなくてすごくシンプル味
ただこっちのは麺がやたらと多くてとてもじゃないけど
全部食べ…
ちゃったのね
おうよう
人には残せないもんがあるだろう。私のは米と麺と酒だ。
次行きますか
おう
ちゃっちゃと案内せいや200万円ガイド
ちんちん
上海ガニは今シーズンでないのでほかのカニを
香辣蟹
生きてるカニを自分で選ぶ。ラー油とさまざまな漢方スパイスでいためむされて出てくる。
ぼりばり
ふんふんふん
これはこれはちょっと
食べたカラは元のナベにもどし
上から漢方コラーゲンスープをびっちりそそいで
ナベのはじまり
カニとうま味スープと辛味と漢方とナベ終らないモノを全部あわせました。
中国人の荒業
社会主義国家のテトリスのような侵略
ああ飲まなきゃナベつかなきゃ
ああカニもっと追加
ぐつぐつ
ああ終らない
全然終りがみえない

深夜街をうろついていると シシカバブ屋台の親子を発見
ウイグルから来ました。アルさん42歳
ここで2年働いてます 家に帰ったのは一回だけ お金たまったら自分の社長になりたいですねー
うーん シルクロード顔
おいのり? もちろん一日五回やってますよー
このシシカバブがまたうまし。
上海にてウイグル味が賞味できてお得。
あーもー おなかいっぱーい
いろいろお店めぐって この3軒が君と一緒に来たいとこだなーって
この取材で200万円使いきっちゃって
ちょっぴ ちょっぴ ちょっぴ
ずだだだ
言うつもりかおどれはぁ
次の日 起きたら体中にニベアぬったみたいになってて 3キロ太ってて
お前は スポンジかなあ
ダイエット半年分台なしの私

どーよ鴨ちゃん原稿かけてるー？
翌日上海で鴨がずっとお世話になってる岸田さんにあう。
この人はねー去年から伊集院先生につきっきりで説教されてて講談社の文芸のばりばりの編集にもずっと面倒みてもらって
この話になると逃げる鴨
こないだなんかさ
重松清さんがいきなりオレ鴨ちゃんの担当やるわ。オレが教えるっていきなり文章のかき方講義しはじめて
おひさしぶりです
鴨ちゃんそれ
あっはっはっはっ
糖尿病じゃん
そのとおりだわ。
さすが、こかしあきないばっかやってるおんな
あかんてーもっと寒風にさらしとかんとー
悪いのは私と伊集院と講談社文芸担当三名なのね
鴨ちゃんコワクないよー
重っちもヌマ備群君
剃ろよー!
でさあ
カチ
どっかー

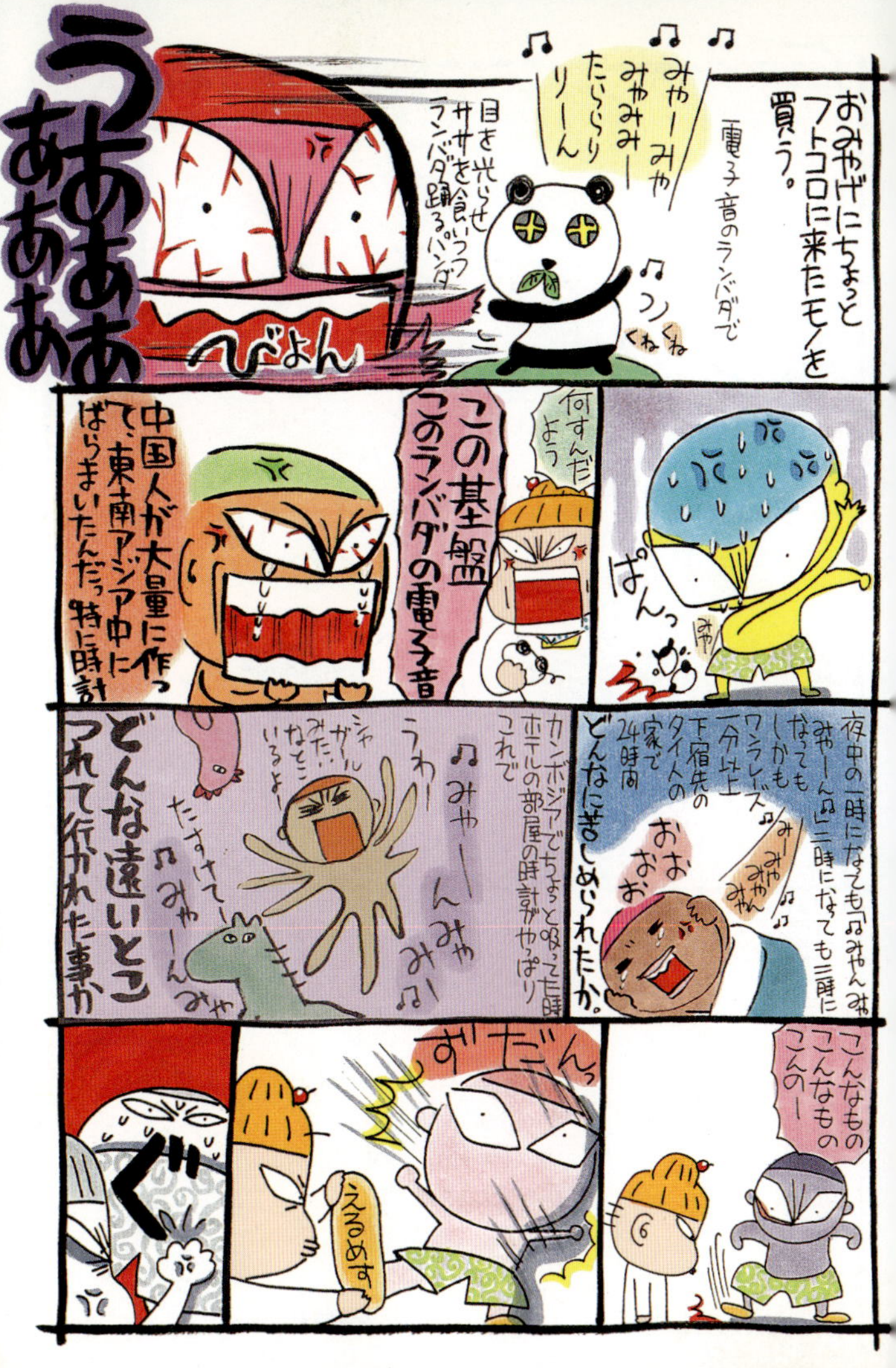
おみやげにちょっとフトコロに来たモノを買う。
電子音のランバダで
みゃーみゃ
みゃみみー
たらら
りりーん
目を光らせササを食いつつランバダ踊るパンダ
くねくね
びよん
うあああああああ
ぱんっ
みゃ
何すんだよう
この基盤
このランバダの電子音
中国人が大量に作って、東南アジア中にばらまいたんだっ特に時計
夜中の一時になっても「♫みゃんみゃみゃーん♫」二時になっても三時になってもしかもワンフレーズ♫一分以上下宿先のタイ人の家で24時間
み～みゃみゃみゃん
おおおおお
どんなに苦しめられたか。
カンボジアでちょっと眠って七時ホテルの部屋の時計がやっぱりこれで
♫みゃーーんみゃみー♫
うわー
シャガールみたいなとこいるよー
たすけてー
♫みゃーーんみゃ
どんな遠いとこつれて行かれた事か
こんなものこんなものこんのー
ずだんっ
えるめす
ぐ

こんな事に会社の金使ったのかー！
ごめんなさい おかーさん しめきりのストレスでー
ついつい お買いものしちゃったー
ぜにや
それは女のやる事だ 男なら男らしく 裸コートだろうがっ
ホテルのとなりの上海ハードロックカフェに行くと、上海売春娘と世界の出張おとうさんとの
そうだいな 花いちもんめがくり広げられており
まわりの娘からみるとあきらかに年をとり、仕事ができそうな女が、
フロアのはしで なじみの外人男のために古いディスコダンスをずっと踊っていた。

講談社文庫

もっと煮え煮えアジアパー伝

鴨志田 穣｜西原理恵子

講談社

もっと煮え煮えアジアパー伝＊目次

もっと煮え煮えアジアパー伝

新アジアパー伝
角川より鳥頭紀行三巻が出る。巻頭に新しい写真きと鴨。
こんな時代だから
Love & Peaceでいこうやと鴨。
ではわたくし
大変図々しく思いあがりでございますが
ジャニス・ジョプリンやらせて頂きます。
ぴしっ
オレは
ジミヘン
ウッドストックのやつで
ジョンレノンしかないじゃん
そっくりだよ。
ええええ
ホホにさシャドウを入れんだよ
大丈夫素顔が似てっから
そうかな
ほんでも
サッエイ中子供が保育園から帰ってきて泣かれる。
お母さんどうして
みんなへんだよお
バカな

1

「あの男、私のこと好きなのよ、いやらしい」

マレーシア国境にいた若いタイ人警備兵の飢えた、獣の目つきを思い出しながら、ジエップはいたずらっぽい顔で僕につぶやいた。

「いやらしい」などと言いながらも、小鼻をぷくりと脹《ふく》らませ、瞳は濡れていた。

検問所で止められたタクシーの中で、ジェップは警備兵が車内を覗きこんだその時、スカートから出た、象牙のようによく伸びた白い足をゆっくりと優雅に組みかえた。

誘うような彼女の動きに、鋭い番犬のような目がおもらしをしながら尻尾をふるポチの目になる。

若い男と見るやすぐに自分を見せびらかすジェップ。

「君のほうがよっぽどいやらしい」

心の中でつぶやく。

ジェップの奔放さに僕もま

た、ふり回されっ放しだった。

当時僕の持っていた学生ビザは三ヵ月間滞在可能な物をセットで二つもらっていた。

合計六ヵ月タイに居ても良い、ということになる。

ただし三ヵ月に一度は必ず国外に出なければならず、もしそれをうっかり忘れてしまったりすると、オーバーステイ一日に付き百バーツの罰金を取られ、次回から同様のビザが取得しづらくなる制度となっていた。それは何としても避けなければならない。

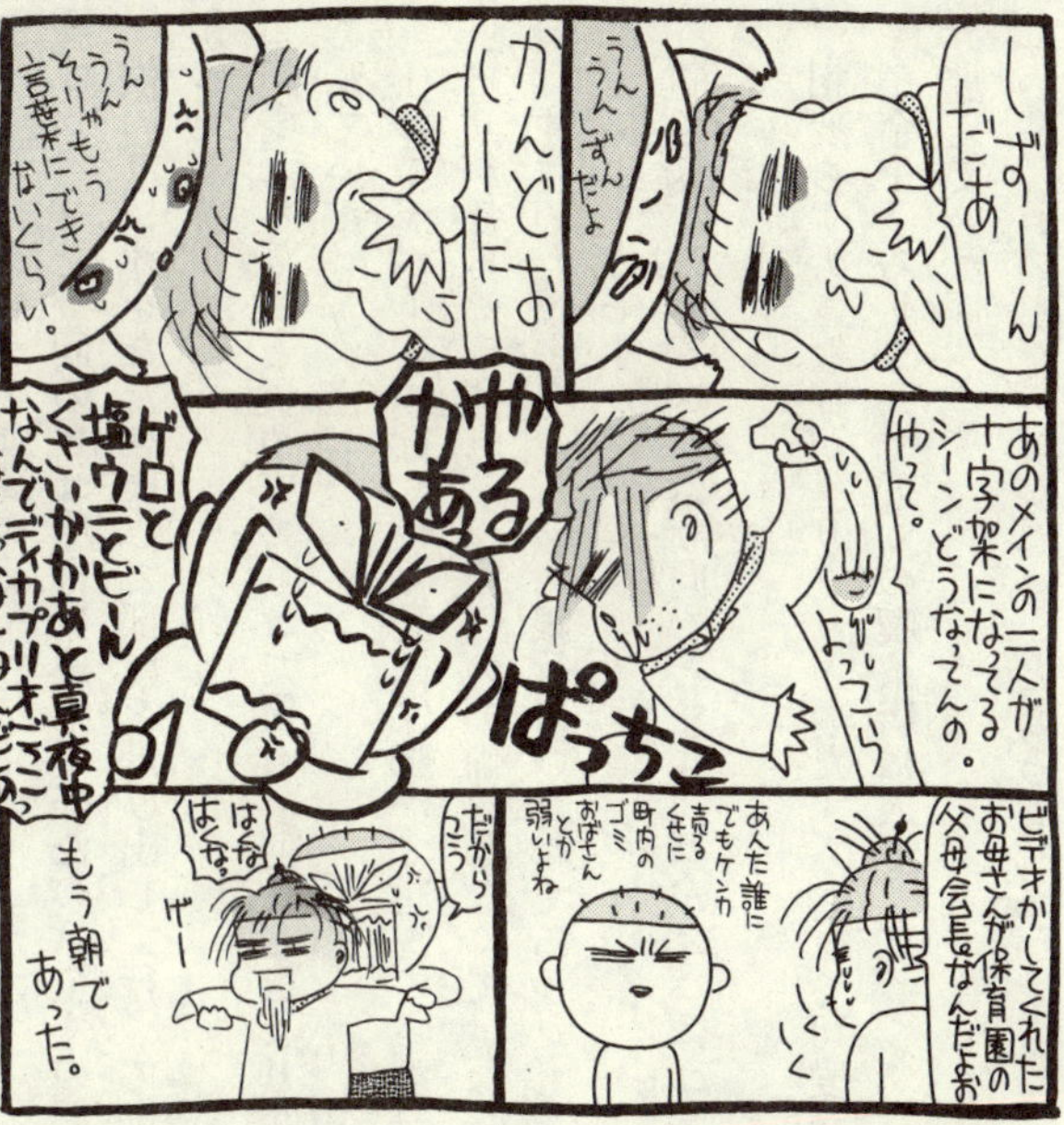

三ヵ月のビザ二つ分を持っているので、この場合はただ国境を越え、タイの出国スタンプさえ押してもらえばよいわけで、その頃は、僕のような立場の日本人はたいがいマレーシア国境を目指していた。

もし全てのビザを使い果した場合は、やはりマレーシアのペナン島にあるタイ領事館に新しいビザを申請するのが常であった。

何故マレーシアなのかと言うと、入国に際してビザが不要なのと、一番安全な隣国だ、という理由だけであった。

ジェップを今回のビザ旅行に連れて来たのは全くの偶然だった。

僕のラジオをたたき壊して部屋を飛び出して行って以来、ジェップからは連絡は無かった。

「結婚しろ！」と責め立てられた僕も、何ともきまりが悪く、悩んだ末に電話をしそこねていた。

仕事でデパートへ行く時も受付は避けて通っていた。

ビザがそろそろ切れる、旅行の準備をしなくてはならないと、そのためだけに手を付けずにいた預金を下ろしに銀行にいた時であった。

「カモ！　カモ！」

聞き覚えのある声にふり向くとジェップがニコニコと、ちょっと照れた顔をして立っていた。

相変らず大きな瞳がクリクリといたずらっぽく可愛かった。

預金を下ろし二人で近くの喫茶店に入る。「ラジオ。ゴメンなさい」

覚えていた。

「いや、いいんだ。僕が悪い。ところで元気か……」

「会社、辞めた」

聞いてみると、上司のセクハラがひどくてイヤになってしまったようだ。愛人になれと強要されたので、次の仕事のあてもないまま会社を飛び出して来てしまったのだそうだ。

そう話しながら彼女は自分の手先をもてあそんでいる。ふと見ると見覚えのないかなり高価な指輪がはめてあった。

視線に気付くと、「お姉さんが買ってくれた」と上目使いに子供が嘘をつく時のように答える。

その上司、翻弄されたのかなと、ふと思う。

「カモは何している」

「二日後にマレーシアに行く。ビザ切れだ」

「いいなあ……」

「別に良くなんかないよ。ビザ切れだから行くだけで遊ぶ時間なんかないよ」

「……ねえカモ。これからカモの部屋行っていい？」

「……ああ。いっいいよ……」

彼女の思惑どおりに事は進んだ。

思いっ切り吸われ、耳元で「連れて行って」と熱い息をかけられた。

「うん、いいよ」と言いながら、ボッタクリのピンサロみたいだ、と彼女に少し腹が立っていた。

2

朝六時。十四時間かけて、列車はハジャイというタイ南部最大の町に到着した。

そこから国境ゲートのある町、パダン・ベサールまでタクシーを飛ばして一時間程で行ける。

まずは今夜バンコク行きの列車に乗るまでの空き時間に仮眠を取る宿へ向うためにトゥクトゥクに乗る。

「安いホテルでいいでしょ、カモ」

と言うが早いか運転手にタイ語で行く先を伝えるジェップ。

着いた先は、タイが世界に誇る最高級ホテルの名前を勝手にもらったオリエンタル・ホテル、という安宿だった。平気な顔をしてパクッている。夜までの料金は二人で百バーツ（当時は一バーツ約四円）と言われた。

ホテルの前にずらりと屋台が並んでいたので腹ごしらえをする。

中華そば屋で小さなおわんに入った汁そばと汁なしそばを僕もジェップも一杯ずつ食べる。

マレー半島に住む華僑の多くが福建省からやって来た、と聞いていた。

そばを食べてまさに小麦文化の人達だという事を知った。

麺《めん》がバンコクより美味《うま》かった。

「ワンタンも食べてみたい」

とジェップが言い出したので一杯を二人で分け合って食べた。

タイに移り住んでまだ間もなかったので飽きるほどワンタンを食べたわけではないが、こんなに美味いのは初めてであった。

彼女も満足しきっていた。

「美味《おい》しかった」と言う代わりに頬をピンク色に染め、目を輝かせていた。

ハジャイまでの列車は寝台が満席で取れず、エアコンの付いていない二等車だった。

開け放たれた窓からのホコリと汗で体中ベトベトであった。

安宿の、湯の出ない冷たいシャワーを二人で浴び、すっきりしたところで国境行きのタクシーへと飛び乗る。

客待ちしていた遠距離タクシーは何故か全て一九七〇年代のアメ車で、シボレーであったり、キャデラックだったりした。

修理に修理を重ねたのだろう。乗り心地はアメ車というよりはジープそのもので、市街地を離れ郊外に出てスピードを上げ始めると、まともに話が出来ないくらいの大きなエンジン音を立て、事故車なのか妙に斜めにかしいだかっこうで国道を走り抜けて行った。

ためしに一体今何キロくらいで走っているのだろうと、仏様の写真をベタベタ貼りまくった計器類を見てみると、全ての針がゼロを指して一つも動いていなかった。

道の両側は鮮やかな緑におおわれていた。

広大なゴム林を抜けると、ひょいと小さなボタ山があり、墓標がすべて同じ方角を向いた、この地で亡くなった華僑達のお墓が見えてくる。

ジェップは長い艶のある黒髪を風になびかせながら初めて見る南タイの景色をじっと見つめていた。

いくつかの検問で車は止り、兵士の尋問に僕に代って彼女は答えてくれていた。

そして必ず足を組みかえ、メスの臭《にお》いを発散させていた。

タクシーは約束の時間通りパダン・ベサールの国境ゲートに到着した。パスポートを持たないジェップはタクシーの中で僕の帰りを待っていなくてはいけない。

事務所で書類を渡され必要事項を書きこみ、国境を行き来するだけが商いのバイクタクシーに乗る。

タイを出国してものの二分も走ればマレーシア側のゲートが見えて来る。

やはりそこでも書類に書きこみ、「ビザの関係で今すぐ出て行く」、そう告げると係官は入国スタンプを押し、バイクはその先をすぐにUターンし今度はマレーシアを出国。で、改めてタイに戻り、入国スタンプを押してもらえば、おしまい。

二十分もあればまた三ヵ月タイで生活が出来るのであった。

バカらしい作業ではあるが、身分証明としてのパスポートがある以上しょうがない事と諦めていた。

でも身分なんて本当に明かす必要があるのだろうか、ゲートを往復しながらちらりと頭をよぎった。

タイ領内に入り、タクシー運転手に二十バーツを渡すと、ジェップがすぐ走ってやって来た。

「マレーシアどうだった……」

「どうもこうも、五分もいなかったんだよ、何も変らないよ」

「いいなー、私もマレーシア行きたい。すぐ向こうがよその国でしょ、いいなあ、外国行きたいなあ」

「パスポート作ったら今度一緒に行こうよ。三ヵ月後にはペナンって島行ってビザをもらわなくちゃいけないから。その時一緒に行こうよ」

「バンコク帰ったら私すぐパスポート作るわ」

「うん約束だ」

「約束よ」

二人で手をつなぎながらタクシーへと向う。

車から下りてタバコをふかしていた年老いた運転手が英語で話しかけて来た。

た。

「おまえのカミさんか」

どう言えば良いのか一瞬考えこんでしまったが、「いいや、恋人だ」と英語で答えた。

それくらいの英語はジェップだって知っている。僕の横顔をじーっと見つめていた。

恐しかったので僕は知らんぷりをし、「さっ町へ帰ろうか！」と運転手に声をかけた。

車が走り出してから、ジェップはずーっと運転手に何かを質問し続けていた。

ジェップは初めて見た国境に興奮したようだった。

むずかしいタイ語であったので内容は全く判らなかったが、言葉のはしばしに〝マレーシア〟〝ビザ〟といった単語がいく度となく聴き取れた。

しばらく質問に答えていた運転手が笑いながらジェップに言葉を返す。すると彼女は「ワーッ」と言葉にならない声を出したかと思うと僕に向き直り、

「パスポートがなくてもタイ人とマレーシア人だけ行き来出来る国境があるって、私そこからならマレーシア行けるかも」

「そんな所あるんだ」

「ねえここから帰る途中だって。少しでいいから一緒に行こうよ」

運転手は僕達が何を話し合っているのかをじっと聞いている。

ミラーごしに僕を見つめて、

「エクストラチャージ。二百バーツ、オーケー！」

と言い放ちニヤッと笑った。

ジェップが見たがっている〝外国〟がすぐ近くにある。行くしかないだろう。

僕達の乗った黒塗りのオンボロシボレーは汚らしい市場のような路地に停車した。

「一時間待つ」

そう言うと運転手は、さっさとリクライニングを倒して目をつぶってしまった。

狭い国境への道はそれこそ闇市のように色々な商品が道の両側を埋めつくしていた。

人々でごった返している。

くねくね踊ったタイ語と、ローマ字表記にされたマレー語の看板がいたる所に貼られていた。

武器、クスリ、ついでに言えば人、それ以外の物は全て商品として軒先にならんでいた。

それもかなり安かった。

マレーシアから運びこまれた果実、無課税で仕入れたシンガポールからのスナック菓子。

どこの、どんな無神経な華僑が作ったのか、日本のメーカーそのままの名を付けた家電品。

小さく〝インター〟そしてその後に大きく〝ナショナル〟とロゴを打ってあるアイロン。

パナソニックのロゴをそのまま使っている目覚し時計。

ＳＯＮＥＹと、それはそれで少しばかり考えたのか、それともちょっとは恥ずかしかったのか、縁日で売られているお好み焼きくらいに大きいＣＤプレイヤー。

手に取ってみると、使い捨てカメラのように軽い、ＮＩＫＯＮとＣＡＮＯＮの一眼レフのマネをしたカメラ。

ハネ物、バッタもん。

生きぬくための冷や汗が臭って来そうなニセ物にもならないニセ物。

極めつけはジョニ黒とシーバスリーガルロイヤルサルートの空き瓶とキャップ。

鉛のフタで栓をする際の刻印まである。

ちらと店の奥をのぞくと、のびきった玉袋のようなじいさんとばあさんが、薄闇の小さな土間で空き瓶に何やらそれらしく琥珀《こはく》色の液体を、ゆっくりと、ていねいに、一滴もこぼしてはなるまいと、まるでニトロを扱う研究者のような慎重さでアルマイトのじょうごを使って瓶に入れ、ロイヤルサルートにしていた。

丁度よい量を入れ終ると、ばあさんはキャップをねじ穴に慎重にあわせながらさしこみ、それをじーっと見つめているじいさんはとろけた鉛をキャップに付けた。よどみのない熟練工の手付きで、キャップとビンの間をスコットランド貴族の赤い紋章で、謎の琥珀を封印した。

4

二人は僕が立ち止まって見つめているのをわかっている。

二人は一瞥《いちべつ》もせず、無言で、ゆっくりと、なめらかに同じ作業を続けている。

胸を張って堂々とするわけでもない。

息をひそめて他人の噂話にふけるでもない。

空を見つめながら鳥になろうなどと夢にも思わない。

きっと出されたメシをまずいなどと思った事など一度もない。毎日つかれはて眠れぬ夜など一夜もない。

生まれて来た事も、生きている事も、不幸だなんて考える暇など一度たりともなかったにちがいない。

二人のお地蔵さんのように見える姿は、ありのままの人間という生き物の姿であった。

世にも立派なウソつき老夫婦の一軒先には見事に本物となったウイスキーが駄菓子屋のラムネのようにならべて売られていた。

「本当の本物。スコッチウイスキー安くしますよ、お客さん」

何故かこんな所で、鼻にぬけるきれいなイングランド訛《なま》りの英語で喋《しゃべ》る中年の太った店主。

よくよく見ると、すぐ隣でとっても正直にニセ物を瓶づめしていたしわくちゃ玉袋ばあさんとうり二つの顔をしていた。

「ドルでいいですよお客さん。ジョニ黒は十ドル。ロイヤルサルートは二十五でいいや」

嘘もここまでいさぎよいと何だか楽しい。

「お金あんまりないんだ。安くしてくれないかな」

そう言うと店主は店の奥へと行き、小さなボトルを持って来た。

「ロイヤルサルートのクオーターボトル。これなら、うん七ドルでいいですヨ」

お見事、華僑。ニセ物のニセ物。これ以上ない芸を見せてくれた。この酒の四分の一ボトルなど、ここにしかないかもしれない。

「じゃあ五にしてよ。たのむから……」

「オーケー。五ね」

この世に存在しないロイヤルサルートの四分の一ボトル。聞いた事もない安さ。早くホテルに帰ってためし飲みしたくなった。

「ところで英語上手ですね。どこで勉強したんですか」

「ロンドンに二年。語学留学してたんですヨ。両親に勉強しろと子供の頃から言われてましたから」

僕が隣を見て来た事は知らなかったのだろう。

お父さんの背中を見て育った彼は、子供に何を教えるのだろう。

嘘も真実もあまり変らない、か。

自由なんて、意外と小さい所にそっとあるもんなんだよ、か。

稼げる内に稼げ、か。

「カモ、これ美味しいよ」

とジェップはどこかの屋台で買って来たイスラム系の人々が作るフライドチキンを手に目を輝かせて小走りにやって来た。

「ンッ」といたずらっぽく僕の口元に茶色く揚がったモモ肉をさし出す。

まだ湯気の立つ鶏肉からはスパイシーな香りが立ちのぼり、思わずジェップに持たせたままかぶりついた。

目の前に彼女の親指があったので、ついでに「カカッ」と甘がみをした。

「ワッ」とびっくりした顔をした彼女だったが、僕がかみ付いた同じ場所に自分の親指をそえて、ゆっくりとくわえ、肉をかみ切った後、指をくわえて、「ペロッ」となめ、はき出した。

マレーシア国境を目指してしばらく歩いて行くと警備兵の小さなみすぼらしい詰所が見えて来た。

一人の若いタイ人の兵士が僕らの前へやって来た。ジェップはこれより先に行きたいと必死になって話していた。

どうやらタイ人といえどもパスポートがないと先には行けないと言っている。

ジェップは手をかえ品をかえ、わざとらしく髪をかきわけ、ゆっくりと腋《わき》の下を見せびらかしたり、ハンカチを出してうなじにあてたり、それでもだめだとわかると、僕のラジオを壊した時のように、キツイ目をして兵士の胸ぐらをつかみかねないほど怒りを露《あらわ》にしてみせた。

なり行きを詰所で見ていた中年の上官がやって来た。

「英語は出来るか」

と僕に聞いて来た。ハイと答える。

「君はパスポートを彼女はＩＤカードを詰所にあずけて下さい。代りに一日だけの許可書を二人に渡しますから、ただ決して国境を越えてはいけませんよ」

そう言うと使い古され黄色くなった紙きれを僕とジェップに渡してくれた。

詰所までがタイ領内であった。

その先はタイでもなく、またマレーシアでもない空白の場所であった。

いわゆる中立地帯へ僕達二人は歩き出した。

「カモ、ここはマレーシアなのね。外国なのね。うれしいなー」

体中で喜んでいるジェップを見ていると面倒くさくなったので、

「そうだマレーシアだ」

と嘘をついた。

中立地帯で売られている品物は同じ物でも先程までいた場所より二割くらい安くなっていた。

無税なのだった。

運転手と約束した一時間はとっくに過ぎていた。

あといくらよこせと言いだすのか、それを考えると頭が痛かった。

空白の場所にも人々はたくさん集まっていた。

より安い品物を買うためだ。

人ごみの中、あっちへ行き、こっちへもどりする垢《あか》まみれの少年に目がとまった。

ぼろぼろにやぶれ、汗で黄ばんだ中東の人間がまとうパジャマのような服をはおり、裸足《はだし》のくるぶしは、膿《う》んで大きく脹らみ、きたならしく血がしたたり落ちていた。

商品を物色している人の前に立ち、手をさし出す。

手には小さい紙きれが握られていた。

怯《おび》えきり、目だけがギョロつき、痩せて細くちぎれてしまいそうな体は小きざみにふるえていた。

5

少年が近付くとそばにいる大人達は、明らさまに鼻に手をあてたり、殴るフリをしてこぶしをふり上げたりしている。

少年はもう馴れてしまっていた。

どこを目当てにするでもなく、別の場所へトコトコと歩いて行き、じーっと小さな紙を大人へ向ってさし出していた。

近付いてみた。

少年からは世の中の全ての汚穢《おわい》をしょいこんだような臭いがしていた。

ふいにふり向いた少年と目が合った。

今まで他の大人にしていたのと同じように小さな紙きれを僕にさし出す。

見た事もないどこかの国の紙幣であった。

少年は自分の言葉が通じない事を知っている。すっと無言で僕を見つめた。

すぐ横の商店のおばさんがきつい、いやな声で少年を怒鳴りつけた。

彼も僕もそのタイ語はわかりもしない。

でも、

「とっととうせろ乞食坊主。日本人のニイちゃんもそんなのかまってんじゃねえよ、商売の邪魔だよ、全く」

僕にはそう聞えた。

少年はここにいる間中、こんな言葉を浴びながら心に蓋《ふた》をして生きている。

紙幣を持った手をいつまでも下げようとしなかった。

少年の目は「両替して下さい」と言っていた。

少年はどうにかして金を手に入れたいだけなんだ。乞食なんかでは決してない。

「でも無理だよ、お前のその金、どこの国のだよ。お前どっからどうやって来たんだよ、父ちゃんは、母ちゃんは……」

僕の日本語に、少年は初めて反応した。

聞いた事のない言語をぼそぼそと吐いた。

ジェップがさっきから僕の腕を引っ張りながら「やめて、この子と話すのやめて」と小声でつぶやいている。

彼女の食べのこしのフライドチキンをつかみとり、少年の前につき出した。

どう言ってよいかわからず、

「いいから何も言わずに食え」

と怒鳴ってしまった。

腹が減っているにちがいないのに、なかなか手を出そうとしない。おろおろしながらどうしようか悩んでいた。

商店のがめつい連中は首をひねり、こそこそ話をしながら僕達を見つめていた。

後ろでジェップはどうしていいのか大勢の視線に困って、めずらしくもじもじしている。

「いいから！」

といって少年の手に鶏肉を無理やり握らせると、彼はまたボソボソと知らない言葉をつぶやきながら手に握ったままの紙幣をおずおずとさし出した。

「いらないよ、そんな金。それよりお前、パスポートは、パ・ス・ポート」

わかったらしい。首を横に力なくふった。

「そんなガキで密航者か。しっかしそれで両方の国からおっぽり出されてここで両替してくれって毎日やってんのか。何か他の方法ないのかよ！」

初めて聞くだろう日本語がおもしろいのか、口を開いて笑顔を作った。少年の歯は赤っ茶けて、溶けてほとんどなくなっていた。

瞳で「こっちに付いて来て」と言い、トコトコと歩き出した。ジェップは僕の肘《ひじ》にしがみつき、

「マレーシア、コワイ」

とうつ向いていた。

ここはマレーシアではなかったが面倒だったので、

「おう、外国は恐しいんだよ」

と大人ぶってやった。

商店の建ち並ぶ路地から横へそれて、しばらく行くとピンク色のカーテンが玄関にかけてある小さな家が並ぶ場所へと着いた。

一見してわかる売春宿街であった。

マレー男が国境を越えて安いタイ女を買いに来るのだった。

「いやー、もう腹いっぱいだぜー」

そんな事を言っているような、ニコニコ顔のマレーシアのおっさん達が仲間連れでどんどんと家からはき出されて行く。

すれ違いざまにジェップを上から下まで目で犯して行く。

負けたくない、とでも思っているのかジェップは背すじをのばして真っすぐ前を見

てさっさと歩いていた。

少年は一軒のカーテンを開け、中をのぞき見る。

そんなに若くは見えない女性が顔を出した。

「キャッキャッ」と笑って少年は汚い手で鶏のモモ肉の関節の部分を上手にちぎり分け、その女性に僕達の歯型の付いていない方を「ハイ」と渡した。

「ありがとう。でもどうしたのこれ……」

と英語で答えながら女性は僕に顔を向けた。

「君は英語が話せるんだね、スゴイな」

「……私、ビルマから来たの。この子はね、英語もマレー語もタイ語も全くだめ、どこから来たのかも全くわからないのよ、私も国に同じ歳くらいの弟がいてね、時々ごはんあげてるんだけれど……私はこの子助けてあげられないわ、どうしたらいいんでしょう」

「助ける、たってね、こいつどこの国の人間かもわからないで、そんな奴を助けるのにどこから始めたらいいのか僕も……」

そう言っていると「アイヤーアイヤー」と満面の笑みを浮べたマレーシアの華僑のおっさんがやって来た。

彼女に客が付いたのを邪魔する訳にはいかない。

彼女も身を削る毎日で生きぬいている。

そんな生き方をしていて人助けは出来まい。

「ねえ、あなた日本人でしょ。今度はワイフ置いて一人で来てよ。待ってるからねっフフッ」

ワイフぐらいの英語はジェップだって理解出来る。

目が鋭く光ってキッとなっている。

きっと体中のむだ毛が逆立っているにちがいない。

ジェップが恐しい顔になって、少年はまた能面のように表情のない顔に作り変えた。

「なあ、たまにはここのネエさんに風呂くらい借りろよ。すこしは身ぎれいにして、言葉なんでもいいから覚えろよな。オレ両替いいからこれ、百バーツやるからこれでしばらく生きてくれ、なっ」

「お金なんか、あげる事ないわよっ、こんな子に」

僕達のやりとりを見ていて、ジェップは少し強い声を上げた。

少年はクルリと背を向けて、音も立てずに歩きさって行った。

ジェップは子供だった。

いつでも、どんな時でも、どんな人よりも自分を見ていてくれないと許せないのだった。

急速に楽しかった思い出は消え、腹だちまぎれに地面をけり上げ、少年のまねをしてクルリとジェップに背を向け、静かに来た道をもどって行った。

後からジェップは泣きながら一定の距離をおいて追って来ていた。

「カモ、カモ、ねえカモ、マレーシアに来てカモはコワイ人になった……」

そうじゃあない。

あんな少年が、どこの国にも属さず、大人達におしつぶされながらも生きていた。

「お前とは今終った。オレは好きなようにする」

いろいろなことに流されて行く自分を少年は救ってくれた。

ジェップにはインターナショナルのアイロンを買ってあげた。

僕は自分へのおみやげにSONEYのラジオを買った。

新アジアパー伝

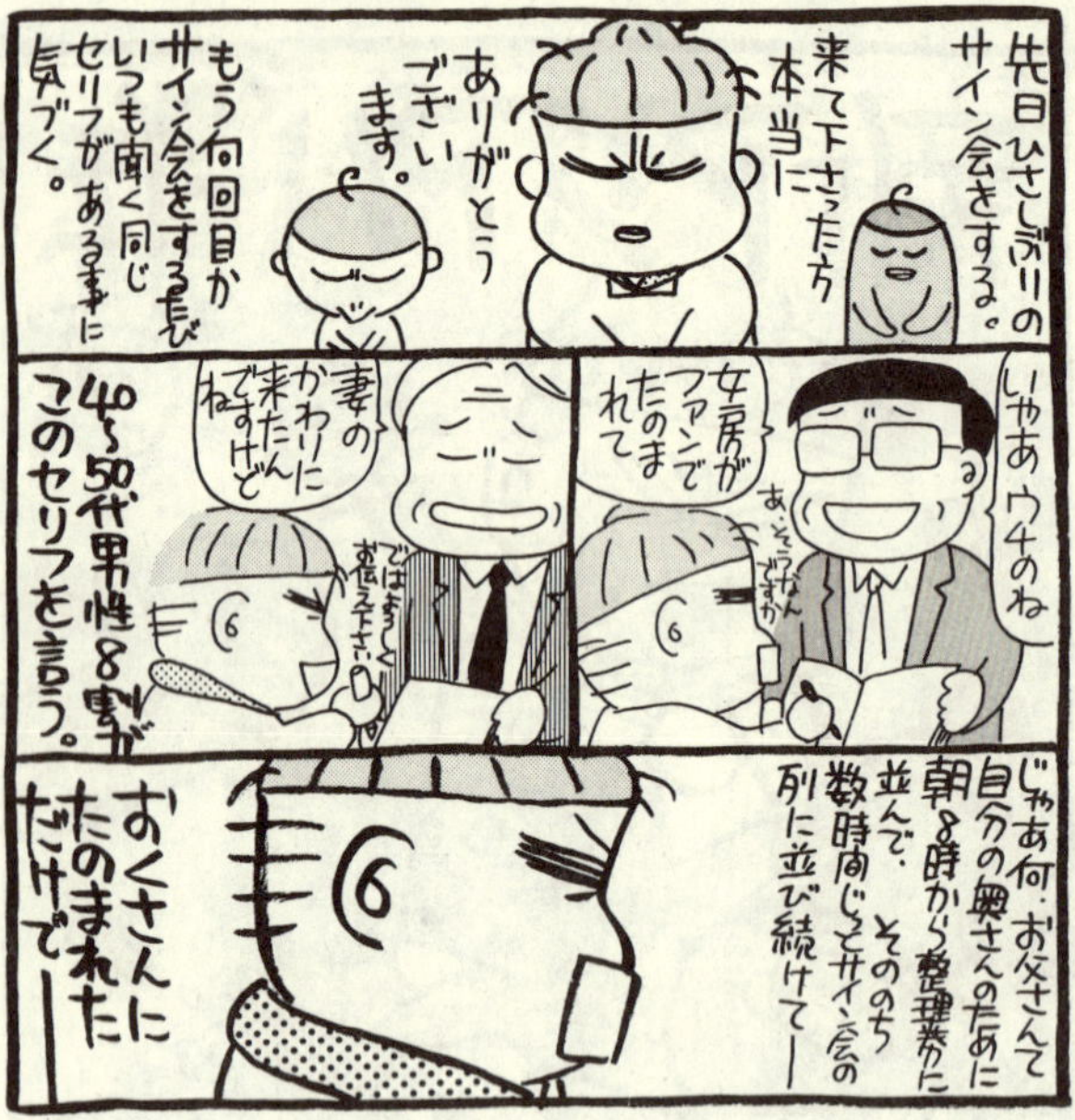

1

マレー半島を北上し、ハジャイからバンコクへと向う列車は、マレー半島の山なみに沈みかけた大きなオレンジ色の陽の光をあびて長い影を作っていた。

埃《ほこり》の舞う二等寝台の客室で、タイ人達は今日一日の終りに安堵するかのような、やわらかい顔つきで、夕陽をじ

っと見つめていた。
ジェップも僕の顔色を時おりぬすみ見ながらも、オリエンタル急行が走るこの路線の旅を忘れまいと思っているのか、車窓からの眺めをまるでスナイパーのような目付きになって見つめていた。
もうこの娘《こ》ともおしまいだ。
心の中で強く確信したにもかかわらず、体中に陽の光を浴びて、無邪気にうなじの産《う》毛《げ》をなびかせている横顔を見ていると、どうにも下半身の血の巡りがよくなってしま

ありがとうございます。プロジェクトXの取材ですね
次は私の特集ですが
ちがいます
実は女房が同郷で
この名刺のウラにサインを
プロジェクトXスタジオ出演はNGですので
あとNスペはどうしてもそうなら地球に乾杯オレをメインで
ちがいます女房が高知県出身であなたと同郷で
スターTVです。このビデオあげます。
かわりにミミにサインを
フグ屋です。
ウチのフグ食べにきて
まともなプレスはきてないのかー！
もう全然
きてないです

い、気付かれないように自分のポコチンをおさまりのいい方向に直し、

「落ちつけ！」

と心の中で叫んでいた。

のろのろ走る列車の車窓からの眺めは美しかった。

深い緑の中、イスラム寺院が半球状の頭だけのぞかせて、そのてっぺんにあるスピーカーから夕刻のおつとめなのだろう、コーランがしぶいおやじの声で流れてきた。

その声にさそわれるように白いイスラムの帽子をかぶった男の子や、やはり白い布を

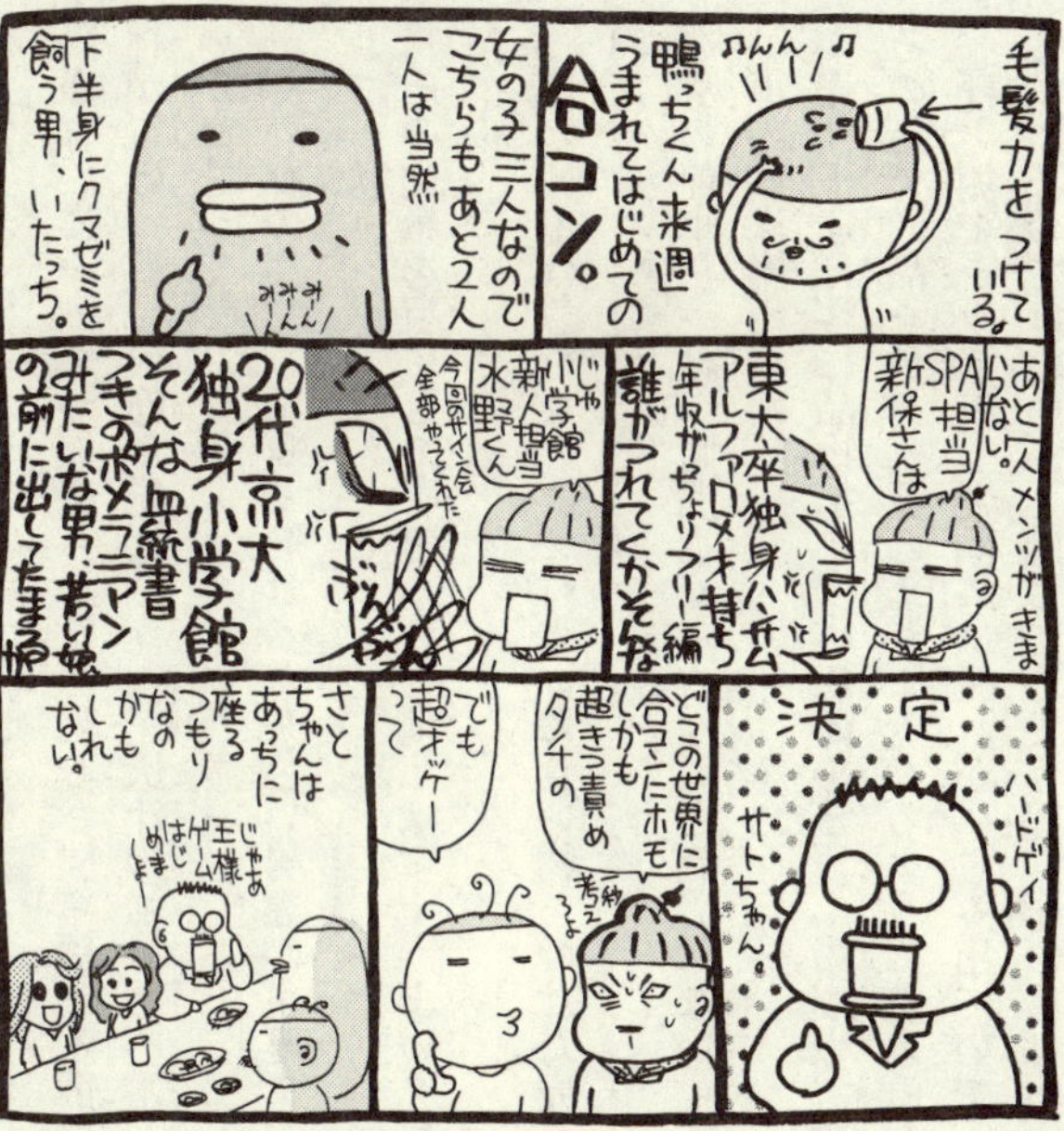

毛髪力をつけている。
ふんふん♪
鴨ちくん来週うまれてはじめての合コン。
女の子三人なのでこちらもあと2人
一人は当然
下半身にクマゼミを飼う男、いたっち。
みーんみーんみーん
あと1人メンツがきまらない。
SPA!担当新保さんは
東大卒独身八王子アルファロメオ持ち
じゃ小学館新人担当水野くん
今回のサイン会全部やってくれた
20代京大独身小学館
つきのポメラニアンみたいな男、若い娘の前に出してたまるか
決定
ハードゲイサトちゃん。
どこの世界に合コンにホモしかも超きつ責めタチの
一秒考えろよ
でも超オッケーって
さとちゃんはあっちに座るつもりなのかもしれない。
じゃあ王様ゲームはじめましょー

頭にかけた黒目がちの栗毛の小犬のような女の子達が寺院に向って赤土の路を走って行く。

その様子を眩《まぶ》しそうに微笑《ほほえ》みながら大人達が後からゆっくりと歩いていた。

線路わきに空芯菜《くうしんさい》や、蓮《はす》の花の咲く小さな池があると、決まって、どうやったらあんなに気のぬけた、脱力した顔をする事が出来るのだろうと思ってしまうほど目をとろかした大きな角を持った水牛が肩まで水につかり、真っ白なしらさぎに頭をつつかれている。

きれいに一列ずつ植えられた、恐しさすら感じる静けさのゴムのプランテーション林からは、臭いの筋が見えそうな、灰汁《あく》の強いネバネバした何ともいえないいやな臭いが鼻をつく。

その森の中で、細身で筋ばった茶色い男達が車座になってうまそうにタバコをふかしていた。

その光景を目にして、そういえばしばらくうまいタバコを吸っていない事に気付いた。

この列車は急行なのに、竹カゴに食い物をのせた売り子達がまだ、乗客と一緒に車内にのこっていた。

次の停車駅へは二時間近く走らないと到着しない。

車内は満席だった。

売り子達は客に品物をすすめるのをとっくにやめ、通路に座り、鼻クソをほじり、その指で商品を数え、見ばえがよくなるように整え直していた。

汗と垢《あか》でテラテラした顔には疲れがにじみ出ていて、座っている通路に根が生えてしまったのではないかと感じてしまう程、皆の体は重そうだった。

ビニール袋につめられた焼きめしはいつ作られた物なのか、中で出来た蒸気は水滴に変り、ゴハンをベチャベチャにしている。ビニールの底にはメシの上にのっけてある目玉焼きからの油が黄色くたまっていた。

次の停車駅との往復が売り子たちのおつとめなのだろうか、もう日は暮れようとしている。

残り物が彼女達の食卓に上るのは間違いあるまい。

少女が、茹《ゆ》でた南京豆を売り歩いていた。

南京豆は茹でられて時間がたっているのだろう。つめたく、小さくしぼんでいた。

大人の売り子にまじって、小さな子供達が数人集まって力のない瞳をして座っていた。

タバコと水を売る男の子は、勝手に商売物に手を出して、見事な長い煙を鼻からはき出していた。

南京豆を売っている女の子と目が合った。

彼女はおずおずと立ち上ると、広げた傘ほどもある大きな竹ザルを器用に腰骨に引っかけて、片手でかついで僕の所へやって来た。

上目づかいに僕を見つめる。

「おにいさん買って」

小さな声でつぶやいた。

それを向いの席に座っていたジェップがさえぎった。

「カモ、だめ！　きたないからダメ。おなかこわしちゃうわよ！」

ジェップを見るとつい海綿体が、じーんと音を立てながらむっくりと膨《ふく》らんでしまう。

しかし今回のビザ取得旅行で、彼女とはこれっきりにすると決めた。

「南京豆、全部よこせ！」

つい、言ってしまった。

「カモだめ！　今日カモおかしい。そんなに怒らないの。ね、一個だけにして。おねがいだから」

ジェップをにらみつけながら、

「全部でいくらだ」

と女の子に聞いた。

南京豆売りの女の子は僕とジェップの顔を交互に見つめ、おずおずとそれでも少しうれしそうに、

「六十バーツ（約二百円）です」

と言って、売れ残った豆の入った袋五個を座席の横にある小さなサイドテーブルにそっと置いた。

百バーツ紙幣を女の子に握らせ、

「つりはいらない、うまい物でも食べて」

と思い切りかっこつけてやった。

半立ちのポコチンが、

「ジェップの前だぞ。かっこつけてやれよ」

とささやいてくるようだった。

腹立ちまぎれにジェップをにらみつけてみても、息子はまるでヒルのようにジェップに吸い付こうとしているのだった。

僕は正直な体に戸惑いながら、自分をごまかすために、冷えきった塩からいだけの風味も何もふっとんでしまった南京豆をぼりぼりとかじり続けていた。

2

外はすっかり闇夜に変っていた。

森が深いためか、急に空気が冷えて来た。

ディーゼル車特有の重油臭い車内に、森の甘やかな夜の香りが流れ込んできた。

ふいに現われる小さな集落を通り過ぎて行くと、どこの家も、開け放たれた玄関から中が見える。うす暗く青く光る蛍光灯に照らされた土間では、家族が集まり、白黒のテレビをじっと見つめていた。

ちょうど、行水なのか、胸まで引き上げた濃い色の腰巻きを水でぬらし、長い黒髪から水滴をしたたらしている女性に手を引かれたすっ裸の幼児が通り過ぎて行く僕達の列車に向って、「バイバイ」とニコニコ手をふってくる。その傍《かたわ》らで女はまぶしそうに子供を見つめていた。

子供の頃、同じように、電車を見るとどうにも我慢が出来ず、時間がゆるすかぎり手をふり続けていた。

鉄の塊《かたまり》がものすごい速さで目の前を走り去って行くのにたまらなく興奮してしま

い、どこまでも走っておいかけながら手をふり続けたのだ。

町にオレンジ色の街灯の数が増えて来た。

踏み切り待ちの車の列も長くなっている。

停車駅が近づいて来て、列車がスピードを落し始めた。

十歳くらいの丸坊主の少年が、必死な顔をして自転車をこぐ姿が突然目に飛び込んできた。

白いランニングシャツをはためかせ、サンダルを引っかけただけの足で思い切り体重をペダルに載せ、ついに列車を追い抜いていった。

時おり列車のスピードを目測で確かめ、遠くを凝視しているらしい。

奥歯がギリリと鳴っているのが聞えて来そうなくらい歯をくいしばり、一こぎずつ、どんどんとスピードを上げて行く。窓から身を乗り出して彼の行方を見つめると、はるか前方を、全く速度を落さずにズンズンと進んでいった。

車内放送が鳴りひびいた。

パッタルン駅にそろそろ着くようだ。

売り子達は重い体をひきずるようにゆっくりと立ち上がり始めた。

列車がさらに速度を落し始めた。

その時、男の子達が大声で歓声を上げているのが、反対側の窓から聞えて来た。

自転車に乗っていた丸坊主の少年が数人の子供達にハイタッチで迎えられていた。

あの子はどこかのスタート地点から自転車で列車を追い抜いて、下りている踏み切りをくぐりぬけ、仲間のいる場所へとたどり着いたのだった。

少年は肩で息をしていたが、満足げな表情を浮かべていた。

列車は小さな片田舎の駅に到着した。

おそい夕餉《ゆうげ》の時間になっていた。

ホームにはたくさんの売り子達が頭にザルをのせ、うす暗い寂しいホームを急ぎ足で列車に向って来た。

今日の長距離列車はこれが最後だ。

この時間に出来るだけ売らなければならない。

おばさんや子供達は先を争って窓の前に立ち、品物の自慢と値段交渉をしようと早口にがなり立てる。

必死なはずなのに、どこか投げやりでおっとりしたタイ人らしい態度で話しかけてくる。

僕が外国人と知ると品物を片手に、胸ポケットから紙幣を取りだし、この値でいいと目で話しかけて来た。

「お腹すいた？」

　とジェップに聞いてみた。

「ええ、何か買って来ていいかしら」

「でも、車内サービスがあるって聞いたよ」

「だめ、高くてまずいの！　カモ、ちょっと待ってて、私お腹こわさなくて美味《おい》しい物買ってくるから」

　そう言うとジェップは、小走りにホームへと出て行った。

　買って来た黒砂糖を口にくわえながら、ジェップはニコニコといくつかのおかずと白ゴハンを買って来てくれた。

　彼女は国境で食べた鶏肉が好物なのか、スパイシーな鶏ものから揚げを三本も買って来た。

「揚げ物か、辛いため物。一番お腹こわさないの」

　と言って、隣に腰かけ子供のように前後に足をふり、鼻歌を歌いながら、指を油でテラテラと光らせて鶏肉にかぶり付き始めた。

　目が合うと「ウフッ」と小さく笑う。油で濡れ光る指と、唇の動きを見ているとまた血が下半身に集まって来てしまった。

頭の中はジェップを押し倒す事しか考えられなくなっていた。

気付かれぬように太ももを強くつねってみた。

何か気をまぎらわさなければ。ふと、国境の市場で買い求めたにせロイヤルサルートのクオーターボトルが鞄《かばん》に入っているのを思い出した。

鞄からボトルを取り出す。

「カモ、列車で酒飲むのよくない、ドロボーいるかもしれない、それにすぐ酔うわよ」

「少しだけだから、それより客室係呼んでくれない、水と氷が欲しいから」

「……すぐ、くるわ」

自分が買って来た食べ物に手をつけないで酒を飲もうとする僕に、ジェップはちょっとむっとしたようだ。すねる横顔が可愛い。

時間がたつにつれ、ジェップと仲直りしたくてしょうがなくなっていた。

自分でもわかっている。

たまって来ただけだった。

客室係の女性が僕らの車両へとやって来た。片手に料理のメニューを持ち、一人ずつ丁寧な対応で接客していた。

後ろ姿しか見えないが、スレンダーなお尻がきれいなラインを作っている。

僕の目付きが変ったのをすぐに見抜いたジェップはキッと僕をにらみつけ、

「カモ、すけべな顔してる！」

と口をとがらせてみせた。

彼女は自分をふり向いてくれないとすぐに怒る。ふり向かせようと必死になる。顔はすねたふりをしているが、僕を見据えながら半身をずらし、足をくみかえ、自然にずり上ったミニを元にもどさず、唇をペロリと舌でゆっくりとなぞった。

「負けました」とパンツの中でつぶやきが聞こえ、僕の股間は大きく膨んだ。

ジェップはそれには見て見ぬふりをし、勝ち誇った顔を真っすぐに僕に向け、大げさに微笑み、耳元に顔をよせて来て、

「列車の中で一緒に寝ましょうね」

とささやいた。

甘ずっぱい彼女の体臭を嗅《か》いだ途端、頭の中でヒヨコが何匹も鳴き始めた。

3

今夜の事を思い浮べてボーッとしていると、客室係の女性がやって来た。

「夕食は何かめし上りますか」

目の前に出されたメニューを見ていると、ジェップが僕のために水と氷をたのんでくれていた。

「水と氷ですね、四十バーツになります」

頭の上から聞えてくる声に、異和感を感じて見上げた。

なんか、ちょっと変だぞ、オイ。

たのんだ物を待っていると、ほどなくして彼女がペットボトルの水と氷をステンレスの器に入れてやって来た。

棚の上の鞄からコップを出そうと立ち上っている時に彼女は横にいた。

やけに背の高い女性であった。

今度はよくよく顔を見つめた。

やっぱり何か変だ。

お釣りを渡してくれる時、彼女は通路側の手すりにわざわざ腰をふかくかけ、お尻を僕のひじにこすり付けて来た。

そんな事をされても困ってしまう。

飲み屋でならまだしも、ここは列車の中である。すぐそばのタイ人が困った顔をしている僕に気が付き、いやらしい顔でニヤついている。

スケベなタイ人のおっさんなどどうでも良い。それよりもまた、ジェップが怒り出してしまった。そっと彼女を盗み見ると、案の定、今にも客室係の女性をひっかいてしまいそうであった。

どういう訳かその客室係、一向にひるむ事なく、図々しくもそこに居座り僕に話しかけて来た。

「あなた日本人？　そうでしょ、男前ねェ……彼女奥さん？　違うわよね、こんな子供」

ちょっとやめてくれ！　ほーらジェップの産毛が逆立って来た。

それにしてもこの人、声がいやに太いぞ。

「あら、ウイスキー飲むのね、作ってあげるわ、ボトルちょうだいよ」

言うが早いか、窓ぎわにある小さなテーブルに置いてあったボトルをつかむために体をのばして来た。

僕に体をあずけるように密着させながら、頰《ほお》に乳房をすり付けて来た。ボトルを片手につかみ、元の体勢にもどろうとした時、なにげなく僕の股間に手を置き僕の顔をうっとりと見つめ出した。ジェップの「一緒に寝ましょう」の言葉で、ずーっと手をはねのける間がなかった。

「私、硬いの大好きなの。あらやだ、悪い事しちゃったわねェ」

と大きく硬くしたままなのであった。

なぜだろう、他の乗客が僕を見てクスクスと笑い出した。

これはやっぱりどう考えても変だ。この人はおかしいと思っていると、ジェップがついに体を震わせながら大声を上げた。

「早く出て行け、このオカマ野郎が！」

「えっジェップったら何言ってんの？　オカマって、これっ？　鉄道の、こっ、公務員じゃ、なっ、ないの。ユニフォームも女性の、そんな事あるわけないでし……」

「オカマで悪かったわね、この小娘が！」

僕の股間をいたずらした、さっきまで女性と勘違いしていた国家公務員のオカマ氏は、思い切りドスの利《き》いた声を出した。

その後のジェップと彼の言い合いは、全く理解出来ないタイ語となってしまった。ケラケラと成り行きを笑いながら見物していた他の客も、話が長びくにつれ眉間にしわをよせ始めた。

二人が怒鳴り合っているのを見ていた親子づれは、母さんが子供の耳を手で塞《ふさ》ぎ出した。

お互いひどいスラングでやり合っていた。

しばらくするとどこから見ても男の客室係が飛んでやって来て、僕に一言「スミマセンでした」と言い残すと、オカマ氏の手を引っ張って消えていなくなった。

おさまりがつかないのはジェップだった。いつまでもプリプリと怒っている。

「もういいじゃないか、そんなに怒らなくたって」

「よくない！　オカマはだめ！　お尻が好きだから」

「解らない事言わないで、ウイスキー一緒に飲もうよ……ねっ」

しかし彼女には悪いが、めずらしい体験が出来た。制服も女性の物を着ている。日本の新幹線で乗務員があんなオカマであったらどんな事になるであろうか。

急に笑いがこみ上げて来てとまらなくなってしまった。

ジェップもやっと落ち付いたのか、つられてケタケタと笑い出した。

バンコクまであと十時間はかかる。

寝台の用意が始まった。

男の客室係が手際良く座席を二段ベッドに作り替えて行った。

僕達二人は食堂車へ行き、そこでウイスキーを飲み始めた。

列車は山間部に入って来たようだ。

登りになるとさらに速度は落ち、そうすると線路にタレ流されるだけの大、小便の臭いがどこからともなくただよって来る。

山にかこまれた場所を走っていると、車輪のカタコトという音が山肌にこだまして大きく聞えてくる。

ジェップと僕は何を話す訳でもなく、車両の揺れを感じ、指をからませながら見つめ合っていた。

ジェップは友人から酒は強い方だ、と言われているらしかった。

確かにウイスキーを飲みながら顔を赤らめてはいるものの、言葉がおかしくなるという事はなかった。

ただ飲むにつれ、瞳をあやしく濡らし、何だか気が狂ってしまいそうな甘い体臭をふりまき、唇はあそこそのものに見えた。

食堂車に入ってくる男性客全員が、ジェップのなにげない仕種《しぐさ》に目を奪われ、体臭に鼻をならしていた。

気になっていた事を尋ねてみた。

「なあジェップ。新しい仕事場どうするの」

聞えていないのか、窓に映る自分の顔をジッと見ている。指で髪をくるくる巻いてみたり、いたずらをしていた。

ピンク色に染った頬にはまだ少女の面影が残っている。

美しい首すじにそっと手を当てていた。

「なあジェップ。仕事は……」

「わかってるわ、私……。仕事したくないの。夜学へ行くだけにしたいの。カモは何も知らないのにバンコクで生活している。私あなた偉いと思う。私もっと大人になったらあなたのようになりたい。どこへでも行ける人になりたい。だから勉強もっとしたいの。英語話せるようになりたい。好きな時、好きな場所へ行ける人になりたいの」

いつの間にか列車は海岸ぞいに出ていた。ねっとりとした潮風が肌にへばり付いてくる。

遠くに小さく漁《いさ》り火《び》が点々と見えて来た。

「ジェップ、海だ」

「うわあ、あの灯、船ね。何を獲《と》っているのかなぁ」

「たぶんイカだよ、えーとスクイード、ちょっと待って、タイ語だと、ブラ・ムックだ」

英語の辞書と僕の持っている日・タイの教則本を見くらべているジェップ。

「タイ語ではタコもイカも同じブラ・ムックって言うのよ。同じようなものだものね」

「へえ、知らなかった」

「今日は、今晩は、という言葉だって、十九世紀になって外国人が大勢来るようになった時に、あいさつくらいなくてはって作られた新しい言葉なの。その前はあいさつって、どこ行くの、とか、ごはん食べた、だったのよ」

「ふーん……」

「私ね、タイを愛してるの。でも外国人見ているとダメだな、って思っちゃうの。あいさつが出来たのもちょっと前。タコとイカも一緒、つい少し前に知ったの。えーと、カブト虫とクワガタ虫も同じ単語なのよ。勉強って楽しいわ」

そう話し終るとフーッと深いため息をついて、暗闇の海を見つめ直していた。

4

「ねえカモ、この海の真っすぐ向こうはどこの国なの」

「ちょっと手前がカンボジア。その奥がベトナムだよ」

「いいなあよその国。行ってみたいなぁ」

「いつでも行けるようになるさ」

「カモ……。あのね、私のお父さんベトナム難民なのよ。タイに逃げて来てお母さんと知り合ってお姉さんと私が生まれたの。私はタイとベトナムのハーフなの」

ジェップはそう言いながら「ほらっ」と立ち上り、髪をかき上げその場でクルリと一回転した。

やっとわかった、彼女は典型的なベトナム美人だったのだ。

すらりとした体に小さい顔。なぜ体毛が濃いかは未だに謎のままだが、気の強い性格。

「ねえカモ」

と言いながらジェップは、いつの間にか靴を脱いだ足をテーブルの下でのばして来て、いやらしく僕の股間をもみしだき始めた。自信たっぷりの勝ち誇った笑顔だった。

「ねえカモー。すぐにとは言わないから結婚しようよ。私いっぱい赤ちゃん作るから。日本語も上手になるから……ね。カモも私の事好きでしょ」

「ずるいよ」と言えなかった。カチンカチンになっておいてそれは言えまい。「やめてくれ」はもっと言えないセリフだった。

「二、三年はかかるよ。まだちゃんとした仕事もない。やりたい仕事を見つけてもすぐには金にはならないと思うしね」

「いいわ二年くらい大丈夫。待っていられるわよ。じゃあ約束の指輪、バンコクに帰ったら買ってくれる？」

「ああ、いいよ」

と言いながら頭がクラクラして来た。にせ物のロイヤルサルートは口にふくんだ瞬間、鼻から火を噴きそうなとんでもない味であった。

喉《のど》から胃に流しこむたびに、紙やすりで内臓をこすられるような感じがする。

一杯、二杯、と杯を重ねる度にドーンと体のどこかで音がして、のけぞりそうになる。

ジェップは水割りで飲《や》っていた。

僕はおもしろがってロックで飲んでいた。

だんだんと、ジェップの足の裏でもまれる股間の感覚がにぶくなって来た。

あれだけカチコチに主張していた物が、だらしなく、おとなしく眠り始めようとしていた。

——いかん。決戦を前にしてこれではいかん。

無理やり作り笑いで、「じゃ、そろそろベッドへ行こうか」とジェップを立たせた。

「ウフッ」と含み笑いをするとジェップは、ぴたりと体を密着させ、強く指をからめて来た。

しかしこのウイスキー、何をまぜたのか。瞼《まぶた》の裏がチカチカする。

どうにかぶったおれる事もなく自分達のベッドにたどり着いた。

薄いカーテンを閉じると服を脱ぐのももどかしく、ジェップは大きな音を立てながら僕にキスを強要して来た。

彼女は下着一枚だけになると今度は僕の服を脱がせにかかった。

あっという間に僕もブリーフ一枚にされていた。

いやらしい肉を吸い合う音が大きく響いている。

ジェップも酔ったのだろう。

おかまいなく大きな音を立てていた。

すぐ横のベッドでは「ゴホン、ゴホン」とわざとらしくおっさんが咳こんでいた。

それに気付き、ジェップは、

「夫婦、だもんね……」

とささやくと火照《ほて》った体を僕になげ出して来た。

ちょっと深酒したくらいならいつも何とかなっていた。

しかしあのにせロイヤルサルートはいけない。

気合いを入れて枕元に置いてあったペットボトルの水を一気飲みした。

誰にも気付かれないように、音を立てずに、彼女のオシッコ臭い、塩からい所にそっと口づけした。

ジェップは手を口に当て、必死に声を出すまいとこらえ、そのためかいつもより体はビクビクと跳びはねた。

彼女は体の位置をずらし、それなりに中途半端な僕の物を口の奥深くまでふくむ。

口いっぱいにしながらも、時おり僕の顔色を確かめ、敏感な所に舌をはわしていた。

なのに僕は眠ってしまった。

気が付いた時には朝日が昇っていた。

ジェップはベッドのすみでひざをかかえてうたた寝をしていた。

何もわからない僕は、彼女をゆり起した。

「どうして横にならないの」

と聞いた。

無言でベッドを指さすジェップ。

ベッドがベシャベシャに濡れていた。

「何、これどうしたの、俺、水かなんかこぼしちゃったの？」

「カモ、あなた昨夜私の口の中に黄色いお水いっぱい出した。憶えてないの。たくさんたくさん黄色いお水、私の口に出した。あれ飲めません！」

何だと？　黄色い水だあ？　まてよ、なんか臭いし、ジェップにくわえてもらう前に水をがぶ飲みして……あーあ、オレおねしょしちゃったんだ。

初めてタイの列車に乗って、

生まれて初めての女性との旅行先で、
結婚を約束したその晩に、
寝台車のベッドで、おねしょ。

それも彼女の口の中へというおまけ付き。

ああ、悲しいゴールデンシャワー。

お願い。夢なら覚めておくれ。

と、とにかく。ジェップに謝らないと。

「なあジェップ、昨夜はゴ、ゴメ」

「やめてよ！　あんたなんか、日本人なんか、大嫌いだっ！」

僕の手をふりはらった瞬間、ジェップの髪から僕のうすぎたない小便の臭いがただよって来た。

まず、ベッドをきれいにしないと。

連結部分の客室係の部屋をのぞくと真新しいシーツが積まれていた。

そっと中へ入り、五枚程シーツをつかんで出ようとすると、暗闇から急に腕をつかまれた。

「あんた、何してんのよ。あれ、きのうの日本人じゃなーいのよー」

客室係のオカマがそこで寝ていたのだ。

「新しいシーツが何でいるのよ。スケベしてよごしたのねー。このペニスが」

と逃げる間もなく股間を握られた。

今度は硬くなく、ビショビショに濡れていた。

「あらやだ。おねしょしたのー。ハッハッハッ。バッカねー。それで新しいシーツ盗みに来たんだ。いいわよ、好きなだけ持って行って。でも、それより……」

「で、でも、何ですか」

「日本人のペニス見た事ないの。見せなさい！　今ここで」

「いやあ、それはちょっとー」

「バラすわよ」

「はい、この通り」

「フン、こんなんじゃだめよ！　自信のないペニスって最低。早く出ていって！」

「ハ、ハイ……」

オカマからもらって来たシーツで、濡れた場所を拭《ふ》き、ジェップの髪もタオルで拭いてあげながら、念仏のように耳元であやまり続けた。

ほどなくして列車はバンコク中央駅、ホアランポーンに到着した。

「ジェップ、よかったらこれから食事でも」

彼女はふり向きもせず改札口を通り過ぎていった。

美しい後ろ姿であった。

新アジアパー伝

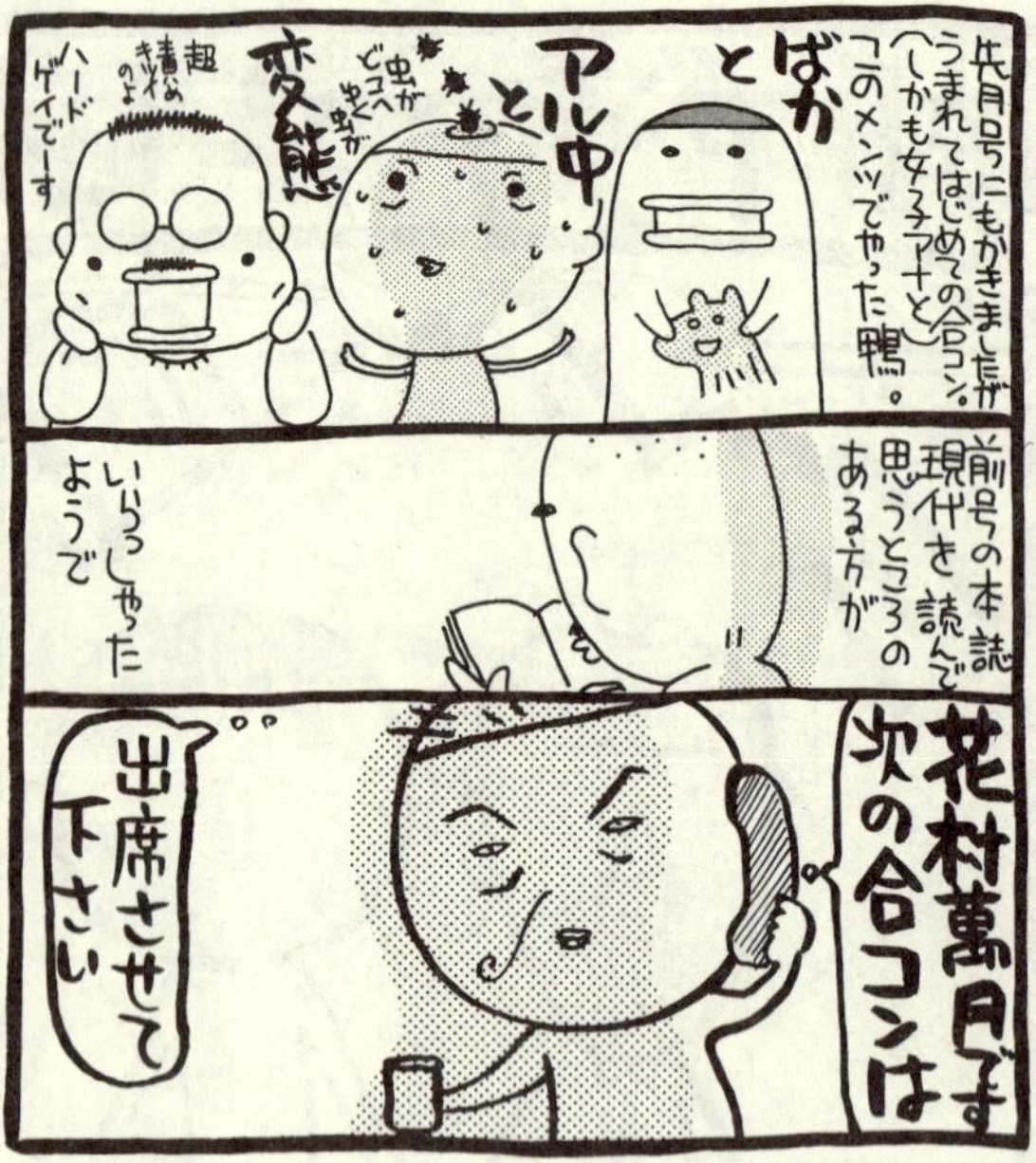
先月号にもかきましたがうまれてはじめての合コン。（しかも女子アナと）このメンツでやった鴨。
ばか
と
アル中
と
虫がどコへゆくも虫が
変態
超
ハードゲイでーす
前号の本誌現代を読んで思うところのある方が
いらっしゃったようで
花村萬月です次の合コンは
出席させて下さい

1

今にも雪が降って来そうな寒空の下、ドイと二人してソウルの街をあてどなくふらついていた。

ひどく幅広な道路と、威勢よく建つ派手なビル群は、見ていて寒気が増すほどに無機質で、いたたまれない気分になってしまう。

タバコに火を点《つ》ける。

氷点下の気温の中で吸うタバコの煙は、きりりとしまって、喉と鼻にほどよくしみた。

はさんだ指がすぐさま冷気でこわばる感覚もまた、北国育ちの僕にはなつかしい記憶であった。

「いいのか、旅、ゴチになって」

「ああ、いいよ。泡《あぶく》ゼニだから。それより通訳代と思ってくれよ」

ドイは、日常会話程度の韓国語が話せた。

高校時代から切れずに付き

合っている唯一の男だった。

小さな出版社の社長をしている。

ブラジリアン柔術の猛者《もさ》、バンダレイ・シウバから金玉を抜き取ったら弱虫になった。

ドイはそんな風体をしている。

今回の旅費は全くの泡ゼニであった。

数日前場外馬券場の前を歩いていた時、何気なく買った馬券が当ったのだった。

たいした金ではなかったが、それなりに楽しく遊べる

だけの額である。

早速札幌にいるドイに電話をし、今すぐにパスポートを持って東京に来るべし、そう伝え格安チケット屋へ走り、ソウル行きのチケットを手に入れたのだった。

宿など温泉マークのネオンが光っているモーテルに泊れば、三、四千円で寝られる。

インサドン近くのモーテルにバックパックを放り投げ、夜の街を彷徨《さまよ》った。

区画整理のよく行き届いた大通りを歩いている。

ためしに大きく息を吸いこ

んでみると、どこからともなく温かい、いく種類ものうまそうな匂いが鼻をついてくる。匂いにさそわれるがままに白い息をはきながら歩いていると、必ず路地裏の歓楽街に出くわす。

ネオンの灯りで目がチカチカする中を進んで行くと、この寒さの中、アガシ（娘）達が体の線がそのままわかる店のユニフォームでホールの前に立ち、礼儀正しく頭を下げながら客引きをしている。

どこの国でも客引き女というものは媚《こ》びを売り、しなを作り、一旦ひじをつかもうものなら滅多な事では放そうとはしない。

ベトナムのとある街では、逃げようとする僕をヘッドロックし、首をきめ、あげ句のはてに耳に噛《か》みついて来た女までいた。

礼節を持ってスケベに誘われたのはこの国が初めてであった。

店の前ではもうどこかで一杯ひっかけて来たのか、上機嫌に顔を上気させているサラリーマン達が持ち金の計算をしている。

「韓国の男達は本当に酒強いよ。こういった店で遊んで、そのままモーテルで飲み直してさ、雑魚寝《ざこね》して、朝から会社行くんだからな。かなわねェ」

一番歳上《としうえ》と思われる男が、何か大きく吠《ほ》えながら仲間の肩を抱き店の中へと消えて行った。

「とりあえずポジャンマチャ（韓国屋台）、だな」

細い路地の両側にはいくつもの食堂が、匂いをはき出し、漂う匂いは混じるだけまざり、闇なべの中を泳いでいる気になる。

納豆がチゲに溶け出す一瞬の濃い腐臭。

トウガラシが目にしみ、塩からい魚の脂がはぜる白い煙。

ニンニクがトロけていく甘い匂い。

醤油《しょうゆ》ダレの焦《こ》げる甘からい匂い。

肉が焼け、小さな店内を白い煙が覆っていた。

その中で人々は大声で笑い、焼酎をぐびりとやっている。

客でいっぱいになっている店内を、パンチパーマをあてたアジュマ（おばさん）達が、注文を聞き回っていた。

韓国屋台は総じてかたまって数軒並んである。

便所の問題だろう。

共同で使用出来る便所がそばになければ店は出せない。

酒豪達と肩をぶつけ合いながら路地裏を抜けると屋台街があった。

ビニールシートで覆われた店内は人いきれと小さなストーブによって温かそうに白い湯気が立っていた。

おでんと焼酎をたのむ。

おでんは韓国でもオデンと呼ばれている。

「おう。今晩この後どうする」

ドイに聞いてみた。

「どうするって、女しかねーべや」

ニヤリと笑うドイの目と合う。

アジュマが突き出しのおでんツユに刻みネギをふったのを丼鉢《どんぶりばち》に入れて持って来てくれた。

スプーンで熱いところを一口すする。

これが何とも安っぽい味でたまらなくよい。

遠い昔、幼い頃にチャルメラの音にいそいそと出かけ、すすったラーメン。

駅で売られている横浜名物の小さなシューマイ。色々な味を思い出させてくれる。

きっと韓国の男どもも、このおでんツユは、一生忘れたくても忘れようのない味なのだろう。

おでんツユだけで焼酎一本を空にしてしまった。

「うめえ」

二人ともその言葉しか出ず、体の中で広がってゆく酒精にまどろみ、背中を丸めるがままにしていく。

「なあドイ、ミアリ、って行った事あるのか」

「ああ、あのピンク色に光る飾り窓の店のある所だろ。なんかなあ、あれオレだめだわー。見るだけで悲しいべや」

「やっぱりそうか、いや聞いただけだ。行く気はないよ。ところでお前何日くらい旅行出来んだよ」

「四日が限度だな、零細企業とは言え仕事はあるしな」

「仕事うまくいってるのか？」

「う、うん。まあ……」

気まずそうな顔をしたドイはおもむろに立ち上がり、焼き魚と、タコのコチュジャン和《あ》えを注文した。

「この二品が韓国焼酎に合うんだわ。全く」

無理に笑顔を作るドイ。経営は悪い状態なのかもしれない。

確かにゴマ油の香るサンマはとても美味《おい》しく、よくのった脂は韓国焼酎独特の甘さの強い味に合っていた。

魚の脂は焼酎で洗い流し、コチュジャンの辛さは度数の高いこの酒を程よく中和している。

「なあドイよう。四日あるんだったらソウルにいないでどっか田舎行ってみねえか」

「それいいなあ、韓国の列車乗って、駅弁買って、ビール飲みながらの旅か、それいいや」

「今酒飲んでる最中なのにもう、列車旅のビールの事考えてんのかよ。俺も同じ考えだったけどな」

「どこ行くべかなあ」

「どこでもいいよ。駅行ってとりあえず一番遠い所へ行く、そして一番早く出る列車に乗ろうよ、なっ」

「それいいや。根無し草だ。駅弁とビール……」

「よし、じゃあ今晩は女だ、アガシだ。ここに来るまでの道にいくつもそれらしき店があったべ。根無し草はてきとうにどこへでも入ってやる、な」

「じゃあ、そうすっか」

ポジャンマチャのビニールシートをめくり外へ出てみると雪が降り出していた。

そのせいかすれ違う人々は家路を急ぎ、早足になっている。

「ソウルの初雪だべか」

夜空を見上げ、顔に降ってくる雪を見つめながらドイはポツリと言った。

2

二人並んで薄く歩道に積りつつある雪の上をアガシ達のいる店に向いながら無言で歩いていた。

「高一の時の初雪、憶えてるか……」

「おう忘れねえよ」

バイクの無免許運転で警官にパクられ、十日間の停学をくらっていた。

他の高校に通っていたドイはその話を聞きつけ、すぐに僕の部屋の窓をたたき、

「遊びに行くべ」と誘いにやって来た。

まず二人で向った場所は札幌の狸小路《たぬきこうじ》にある、その頃はまだ流行《はや》っていたポルノ映画館であった。

「飛び出すボディ。興奮の大臨場感。本邦初！　３Ｄポルノ!!」

と銘打った洋物を二人で観た。

３Ｄポルノと言っても片方の目には緑、もう一方には赤色のついたプラスティック製のメガネを入場料を払う際に手渡され、それを掛けながらスクリーンを見ると少しばかり立体的に見えるという、ひどく幼稚な仕組みである。

スクリーンに照らされる光で劇場内を見回すと、いい大人が皆緑と赤の妙なメガネを掛けている。

そんな変なかっこうになってポルノを食い入るように見つめていた。

一時間ちょっとの上映時間が終り場内が明るくなっても二人は立ち上がる事が出来ないでいた。

二人ともジャージを着て来たのが間違いだった。

ズボンの前をとがらせて、恥ずかしくて立てなかった。

ついでに先走りでシミまで作っていた。

ようやくおさまり二人で居酒屋へと向った。

ロクに話もせずただやみくもに飲み、食った。子供でもない、もちろん大人でもない自分に二人ともひどくいらついていた。

何が出来る訳でもない。何をしたいのかもわからない。

便所へ行っては吐き、また飲み、食べ続けた。

「ようカモ、度胸だめし行くか」

「おっ、いいな」

国道三十六号線の豊平川《とよひら》に架《か》かる大きく長い橋の少し下流へ行った所に、直径二メートル、長さ百メートル程の水道管があった。

そこを全て歩き通すのを僕らは度胸だめしと呼んでいた。

その水道管から川までの高さは優に二十メートルはある。もし間違って落ちたら命はない。

僕らの周りにはだれも成功した者はいない。

年に二、三人やり遂げた奴がいるという噂は耳にしていた。

居酒屋を出たときには真夜中を過ぎていた。

「よーしやったるぞー！」

「俺は男になるんだー！」

大声は出しているものの足元はふらふらで、少し歩けば二人して電柱に吐いていた。

豊平川を見下ろすその水道管の前にやって来た。この川の向こう、菊水《きくすい》までこの管を歩いて渡るためにやって来た。

進入禁止の立て札を思いきりけとばし、金網をのりこえ水道管の上に立つ。

「おい！　ドイ！　行くぞ！」

「お、おう」

二人はゆっくりと歩を進めた。はるか下からは豊平川のザーッと冷たそうな水の流れが聞えてくる。

吐き出す息も、体から立ち上《のぼ》る湯気も真っ白であった。

足元を見ながら一歩ずつ慎重に進んで行くと太い鉄パイプにその年初めての、雪が降り積り始めていた。

見上げると重そうな粒の大きいボタ雪であった。

「おい、ドイ！　雪だ雪！　やべえぞ。滑るぞ！」

気が付けばもう三分の一は進んで来ている。後戻りするにも方向転換すら恐しい。酔いにまかせてここまで来てみたが、急に思い知らされた恐怖と寒さで膝が笑い始めていた。

このまま進んで行くか、それとも戻るか、腰を引きながら立ちつくしている間にも雪はどんどん鉄パイプの上に積っていく。

足の指先が寒さで感覚がなくなっていく。

後ろをふり向く事も出来ない。

「おいドイ、どうするよ、おい何とか言えよ。戻るか、おい返事くらいしろよ」

川の流れにかき消されないように大声で呼ぶと「オーイ」と遠くから返事があった。

ゆっくりとその場で体を注意深く半回転させ、今来た岸に目をやると、ロデオをしているカウボーイか、はたまた裸馬にまたがる野武士のようなかっこうをして、ドイは太いパイプにまたがり、退却を始めていた。

奴はもう数メートルで岸に足がつく所まで戻っていた。

「おーいカモ。やばいよ、早くまたがってこっち帰って来てよ」

「いっいや、体、体が動かない……」

少しでも滑ったら下へ落ちて即死、そう思えば思う程体は動かなくなっていく。

ドイは金網を両手でつかみながら叫んだ。

「ゆっくり膝をたたんで、まずしゃがむんだ！　パイプに手をつけられれば少し落ち付くしょ、出来た？　じゃあタバコを一服吸えよ！　さっ、落ち付いたろ！　あせらないで、ゆっくり帰って来て！」

パイプに積った雪で、腹ばいになった僕の上着とジャージは冷たく濡れて行った。

時間の感覚がまるでわからなくなっていく。

ドイの元へたどり着き、ふるえる膝をかかえ夜空を見上げると、音もなく雪が顔に降り、一瞬にして水滴に変っていった。

「弱虫だな、オレって」

「あぁオレもだぁ」

震える指先でハイライトに火を点ける。

煙を胸いっぱい吸いこんでいる時にも、降り続ける雪がタバコの小さく赤く灯《とも》る火に触れ、その度に小さく「ジッ」と音を立てた。

僕もドイも一言も言葉を交す事なく、その場を立ち去った。

3

あの日と同じように、気が付くとソウルの街は雪景色に変っていた。

「おいドイ。どの店がいいと思う」

「そんな事言われてもなあ、この場所初めてだから、まあサービス内容とか聞いてみるから」

物欲しげな日本人に見えたのだろう。さっそくどこからかそれらしきおばさんが日本語で話しかけて来た。

「おニイさん遊んでく？　ワタシチーママ。ウチの店来なさいよ。二時間女二人付けて三万円。高くないよ」

「おいどうするよ」

「三万はちょっとなあ、ボッてるんじゃないの」

「なんかなあ……」

「ほら外は雪。わかった二万でいいから中入って温まって行って……。フフ女の子と……。ねっ」

「まあどこもそんな変りないか、じゃママさんの店行こうや」

中年のチーママと自己紹介した女の後ろをついて行くと、例によって娘達が礼儀正しく入り口の両側に整列し、軽く頭を下げて出迎えてくれた。

店の名前は〝ビジネスクラブ・シカゴ〟であった。

早速個室へと案内される。カラオケもある。どうしてだろう、部屋の照明はオレンジ色で薄暗かった。

色白の娘二人がママさんに連れられてやって来た。

「女の子二人、日本語ダーメ。いいでしょ可愛いから……。それとウイスキー一本サービス。その後はお金かかります。カラオケもお金かかります。それじゃ二時間楽しんで下さいねー」

四人でウイスキー一本以上飲まんだろう。カラオケは俺もドイも好きじゃない。チップあげて五万円かな……。と頭の中で計算していると「ドーン」と大音響。

ドイとその横に座った娘がデュエットを始めた。

身ぶり手ぶりを加えて「ウイスキーをくれ」と話すとすぐ理解したのかショットグラスになみなみと注《つ》いでくれた。

その娘も「私にも下さい」と言っている。

注いであげた。

「コンベー（乾杯）」

グラスを鳴らし口へ持って行こうとすると、彼女は生卵を飲みこむかのように一気に小さなグラスを空にした。

カラオケから聴こえてくる音楽に聞き耳を立てているとそれは、モーニング娘。の曲であった。

ドイはというと「フンフン」とか「イエーイエー」しか叫べないでいた。

歌が終り、改めて四人全員でカンパイとなる。

娘達はやはりスッと一気飲みであった。

ドイがソファーづたいにそっと耳うちして来た。

「あの娘、日本語の曲歌うってさっきの勝手に選曲したんだけど、カモさあ、モーニング娘。って知ってる？」

「何だドイ、知らないのか」

「つんくって聞いた事あるか」

「うん知らない」

「ううん、聞いた事ない」

「よし、韓国語の勉強だと思って、その娘からモーニング娘。の事教えてもらえよ」

「でもすごいな、知らなかったよ韓国の若いミュージシャンが日本語の歌出してるなんて……。いやあ驚いた。……モーニング娘。か……CDをみやげに買って帰らないとなっ」

薄暗い個室の中で、おもむろに娘二人が立ち上り、大きな張りのある声で自己紹介を始めた。

と言っても僕には一番最初の「アンニョンハセヨー」しか判らないのだが。

挨拶も終りに近付くと、彼女達は氷を入れたロックグラスにウイスキーを入れ、ぱっと着ていた服を脱ぎ捨て、こともあろうに酒の入ったグラスを胸に当てそこでシェイク。と今度は股間でまたシェイクするのであった。

「なっなんだ。今の」

ドイに向き直ると顔は湯につかった玉袋のように伸びきっていた。

大きなため息とともに、ドイは……、

「ワカメ酒、飲みてーなー」

と体中で喜びまくっている。

娘が作り上げたスペシャルカクテルをドイに手渡す。

「ありがとう」そう言うとドイはグラスを照明の光に照らす。「ムーン……」とマエストロのような低い声を出したかと思うと、海鳥がぱあっと飛び立つような喜びを露《あらわ》にした。

「ねえカモ！　何かグラスの中に白いゴミが漂ってるよ。白くて小さいフワフワがあるよ。これ飲んでいい？　飲んでいいんだよな」

言うが早いかゴクゴクと喉を鳴らしてグラスを空にした。

娘達はケタケタと笑いながら大きな拍手をドイにおくる。

ドイは世界中の誰よりも幸せそうな顔をして、ユラユラとゆれていた。

もう一人の娘もスペシャルドリンクを作り上げているところであった。

「おい、ドイ。もう一杯飲むか？　俺はストレートと今日は決めちゃったからさ」

「えっ、いいの。いやカモに悪いよ」

「いや、悪くない。全く悪くない。なあアガシ、その酒彼にやってくれ！」

理解出来たのか、クスクスと小さく微笑《ほほえ》みながらドイのテーブルにグラスをそっと置く。

ウフッと一人笑いしたドイ。そっとグラスに口を近付ける。

今度はちびり、ちびりと飲《や》っていた。何かを確かめるように。時おり何かに頷《うなず》きながら。

気が付くとウイスキーのボトルは三本目になっていた。

なにしろ彼女達は強い。よく飲む。

飲み方は必ずストレート、一気。

韓国語と日本語で全く会話になっていないのに成立したような気にさせられてい

る。

ドイは歌えもしない韓国の曲をデュエットさせられている。

相変らず「イエー、イエー」と「オー、オー」しか叫べない。

カラオケが一旦終ったところでドイに聞いてみた。

「おいモー娘《むす》の話聞けたかよ」

「えー何。なんだっけ、モー娘って……」

もういい。思いっきりのデコピンを喰らわしてやった。

娘に注がれるがままにウイスキーを喉に流しこんでいると約束の二時間まで後十五分となった。

ドイが少しは韓国語が出来るとわかっている娘は奴にそっと耳打ちし、のこり時間を無視したかのようにカラオケに十曲以上リクエストを入れた。

やられた、と思いその光景を見つめていると、ドイは完ペキに酔った顔で「ウン、ウン」とうれしそうに頷いている。

曲が鳴り出す前に彼女はドイにマイクを持たせ、今度は立ち上らせた。

流れて来た曲は〝パラパラ〟であった。

「えっ、おっ、ひゃっ」と口ずさみながら娘のパラパラ踊りを必死に真似しようとするドイ。

流しのすみで使うだけ使われ、すり減って忘れられたタワシのようなドイが韓国娘からパラパラを教わっていた。

世界一幸せそうな顔をしていた。

4

もうそろそろ二時間か、と席を立とうとすると娘二人がまた礼儀正しく何かを説明している。

「おいドイ、今何て言ったんだよ」

「はあ、判んねえよそんなの……」

「おい、しっかりし……」

そう言っている時に急に部屋は薄暗くなった。

娘達が体を合わせて来、無理矢理ディープキスをされた。

「おい何、このサービスは。もうあんまりお金払えないよ……」

そう言うと身ぶりでズボンを下ろせ、と言って来た。

しかし約束の二時間はもうすぐだ。勝手に時間延長されてもなあ、そう思っていると彼女は覆い被さって来、乳首を無理矢理口にねじりこむ。

もうどうにでもなれ！　そんな気分でズボンを下ろした。ドイをチラと見やるとズボンは完全に脱ぎ、どうしたものか、両足でもがいてくつ下まで脱ぎ捨てようと足の指をもぞもぞと動かしている。

娘が体を下にずらした。

なるほど、お口のサービスでチップを多めにもらおうと考えているのか……。

考えていた通り、口に含まれる。

「よーしそう来たか、じゃあこちらはこちらで色々と攻め方があるぞっと……」

と思った途端であった。ものの五秒であった。

娘たちはバネ仕掛けのおもちゃのようにビクンと起き上ると、さっさと服を整えて、またもや礼儀正しく挨拶。元気よく部屋を出て行った。

「おいドイ！　何なんだ！　今の速攻は……」

「………」

「おい、ドイ！」

ドイは満足しきった顔で静かな寝息を立てていた。

くつ下は片方だけ脱ぐ事が出来ていた。

「おいドイ、風邪引くぞ」

と奴の丸出しになったままの尻に靴の裏を思い切りたたきこむと、

「あれ、もう終り？　あの娘は……」

寝ぼけていた。

「もう二時間終ったよ。帰らなくちゃ、ほらズボンはいてモーテル帰ろうぜ」

チーママがニコニコ顔でやって来た。見事にわかりやすい明細書の最後に七万円と書かれていた。

外へ出ると真っ白な雪景色に変っていた。雪が積ると雑音を吸収してくれる。街はいっぺんに静かになる。

ロクに食事をしていない事に気付いた僕達は、一軒だけ営業していた定食屋へと入った。

性懲《しょうこ》りもなく焼酎を一本たのみ、キムチチゲとごはんを二膳おねがいする。

店仕舞間近だったのか、アジュマの顔は疲れ切り、少し青ざめていた。

「ソジュ（焼酎）、一緒に飲まない」

酒のボトルを手に持ち、酔って気の大きくなった僕はおばさんに一杯どうか、と勧めた。

気弱く手をふって断った彼女に、今度はドイがゆっくりとやさしくもう一度誘うと、おばさんははにかんで、口ごもりながら小さなグラスの水滴をはらいつつ同じテーブルに座ってくれた。

ドイが楽しそうにハングル語でおばさんと話し始める。

「イエーッ、イエーッ」とおばさんの話に相槌《あいづち》を打つドイ。

「今日の雪は記録的な大雪なんだってさ、この時期にしては」

そう訳してくれるとドイはまたおばさんとの話に没頭し始める。

話をし、差しつ差されつ焼酎を飲っていると話が判らないのに近所の話のわかるおばはんと話をしているようで楽しくてしょうがなかった。

そんなに強くもないのにあれば飲み続ける僕とドイ。

便所に行って帰ってみるとドイはまた海中の海牛《うみうし》のようにグニョグニョになっていた。必死に何かをおばさんに尋ねている。

おばさんはドイの真面目な態度を見、懸命にドイの質問の答えをさがし出そうとしている様子である。

でもおばさんは何度聞いても「知らないなあ、わからないなあ」という顔で、首を横に振っている。

夜が更けるのは速い。酒が楽しければ尚更である。

明日は朝から列車に乗らなくてはならないんだから……。

そうドイに言いアジュマに遅くまで居座った礼と、いやがられない程度のチップを置いて店を後にした。

二人とも真っすぐに歩けない。ソウルに来ると必ずこうなる。

少し凍って堅くなった雪をガリガリと踏みながらモーテルの暖かいオンドル目指しゆらゆらと歩いて行く。

「なあドイ、さっきの定食屋のおばさんに何だか必死になって聞いてたじゃないか。あれ何なのよ」

「あのさ、モーニング娘。の人気どれくらいなのかなって、韓国娘が日本語の曲歌うなんて反発ないのかって聞いたんだ。おばさん知らなかった。そんなグループ聞いた事もないってさ」

「………」

「あとさ、パラパラって踊り、どこへ行けば見られるの、って聞いてみたんだけど、知らねーってさ。やっぱり定食屋なんかやってると一般的な情報なんて、耳に入らないんだろうな」

「…………」

「いやあスケベな店へ行くのも勉強だね、この国の新しい文化知ったべや。大切だな取材って……」

「なあ、ドイ……。仕事上手《うま》く行って……。まっまあいいやその話は。ワカメ酒よかったね……」

「うおーっ。俺初めてなんだよあれ。何かくすぐったいような、恥ずかしいような、いやあよかったわ」

水道管を渡り切れなかった僕達は、今同じ姿でよろよろと、ソウルの街をうろついていた。

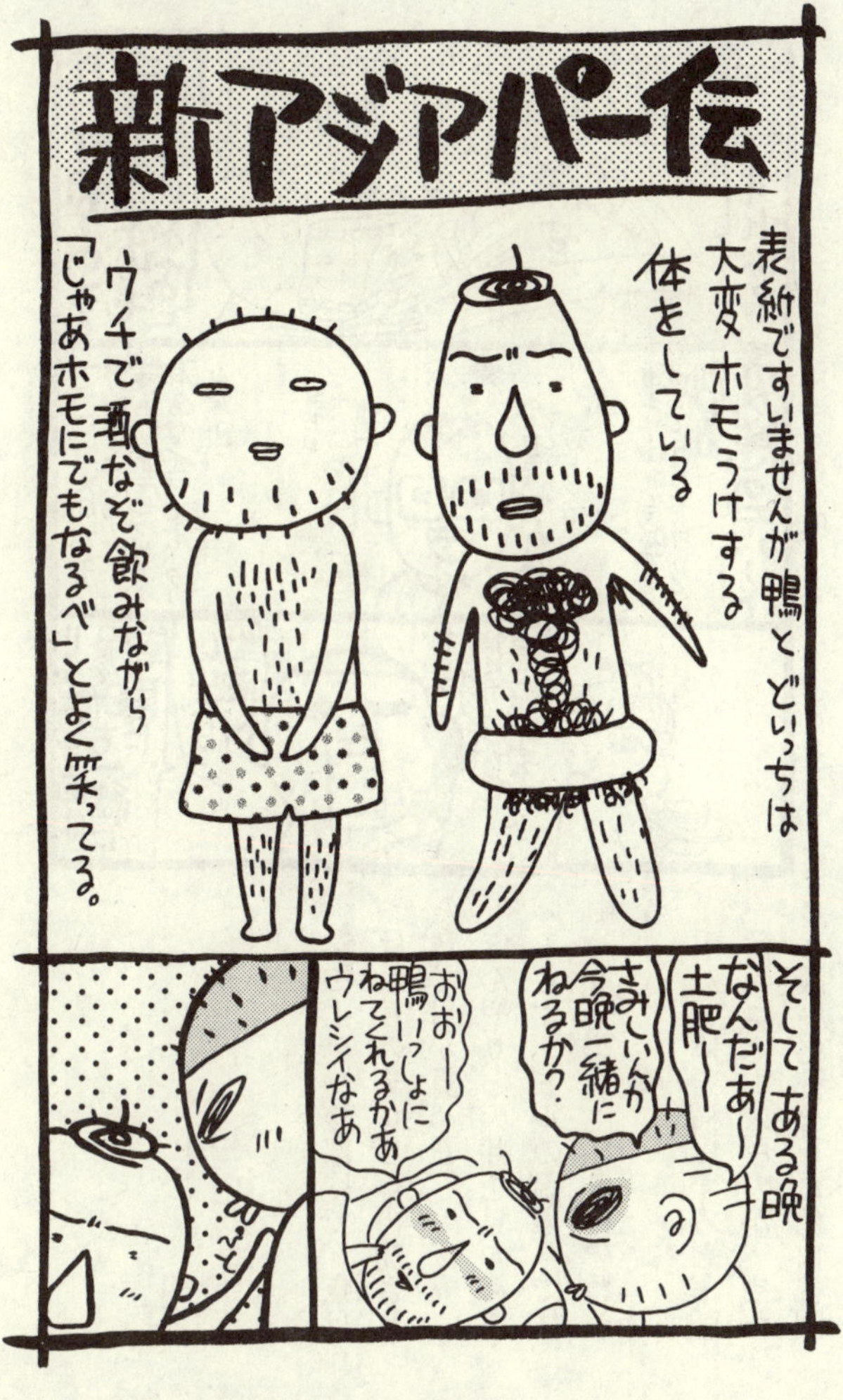
新アジアパー伝
表紙ですいませんが鴨とどいっちは大変ホモうけする体をしている
ウチで酒など飲みながら「じゃあホモにでもなるべ」とよく笑ってる。
そしてある晩
なんだあ〜土肥ー
さみしいんか今晩一緒にねるか？
おおー鴨いっしょにねてくれるかあウレシイなあ

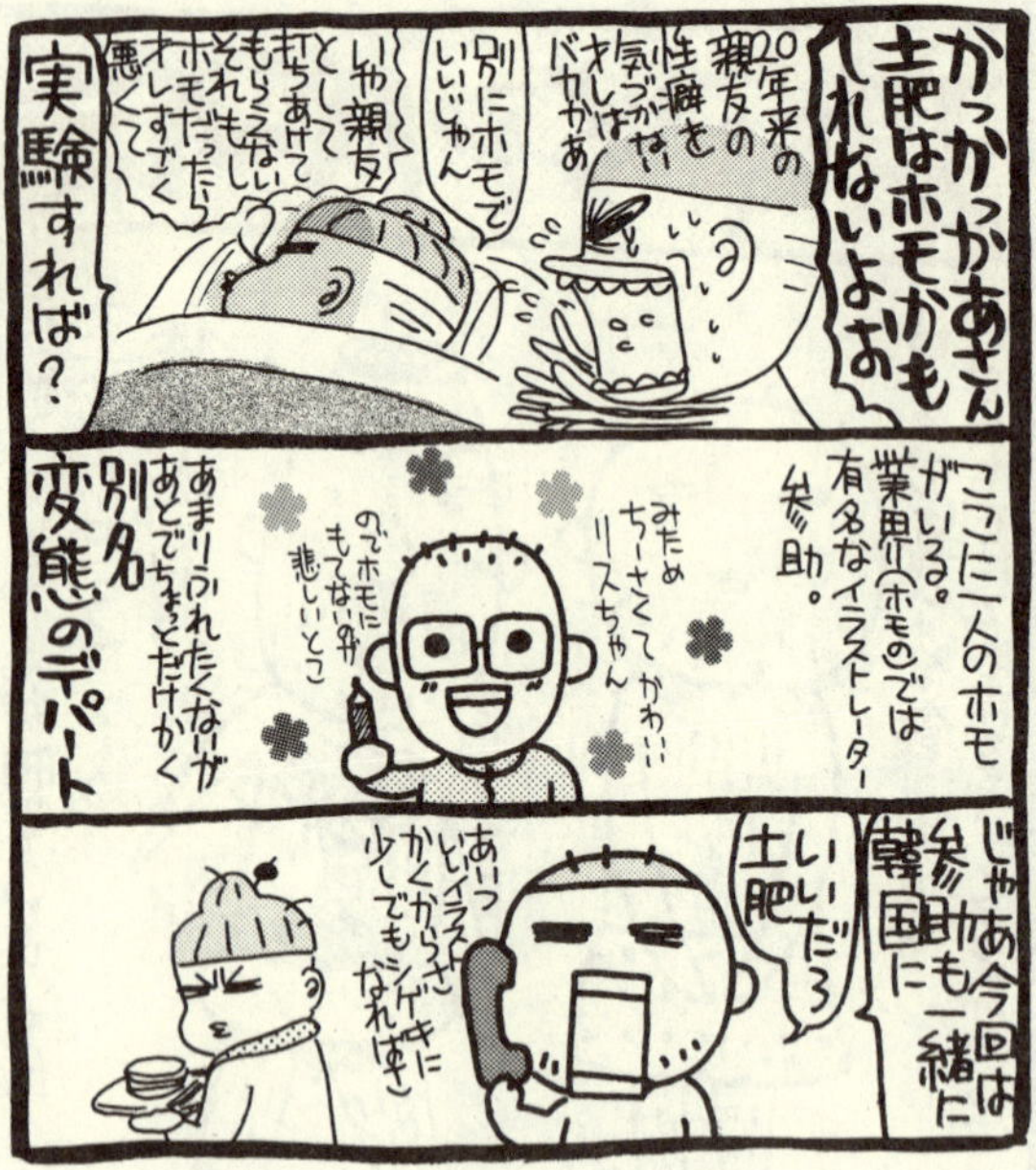

1

安モーテルの部屋で、点《つ》けっぱなしのテレビが再開された音で目が覚めた。

ぼんやりと天井を見つめているとオンドルの温もりで体中が火照《ほて》っているのがわかる。

重たい体を横にすると、朝一番のニュースなのか、やたらと濃い化粧をした色白韓国

美人がいきり立つような、怒っているような口調で、各地の昨夜の雪の被害を語っていた。
まだ暗い窓の外からは、バスのタイヤに巻かれたチェーンの「ジャラジャラ……」という音が聞こえてくる。
ブリーフ一つで毛布にくるまっているドイは、さすがに北国の男で、どう見ても同い年とは思えないハゲ上った額にうっすらと汗を浮べながら、脂を塗ったみたいな光る顔で眠っていた。
ニュース画面の左上を見る

と六時を少し過ぎた時刻であった。

火傷《やけど》しそうな熱い湯しか出ないシャワーを無理矢理頭から浴びると、昨夜飲み続けたいく種類もの安酒が、体中の毛穴からいやらしいヤニのように流れ出て来た。

物音で目が覚めたのだろう。

シャワーから出ると、ドイが体を起こし、タバコをふかしていた。

「いやあよく飲んだなあ、楽しかったなあ、昨日。どうやって帰って来たか覚えてない

や。ソウルに来るといっつもこうだもんな」

「ソウルどころじゃねーよ。俺とお前が飲み始めるといっつもじゃないか。シャワー行けよ、いい湯だぞ！」

「おう……」

おもいきり熱い湯しか出ない事は黙っておいた。

「シャー」とシャワーの出る音が響いてくると、思っていた通りドイの叫び声が聞えて来た。

熱湯のせいで頭から真っ白い湯気を立ちのぼらせ、真っ赤な顔をした僕とドイはモーテルを後にし、氷点下のソウルの街へとくり出した。

気温はかなり低い。吹きつける風は刺すように痛く、うっかり鼻で呼吸しようものなら鼻毛同士が凍りつき、痛がゆくて仕方なかった。

今、世界で一番長く働く国民は韓国人だと新聞に出ていた。

夜が明けたばかりだというのに、白い息をはきながら黒っぽく着ぶくれした人々がバスからはじき出されていく。

「駅まで行くか、タクシー拾わなくちゃな……」

「そうだったな、駅行って、行き先決めるんだったものな」

宿酔《ふつかよ》いの、重い足取りで、凍《い》てついた歩道をドイとフラフラと歩く。すると一台のタクシーがゆるゆると徐行運転で、クラクションを鳴らしながら僕達の横につき、助手席側の窓を開け、身をのり出して話しかけて来た。

「ドコイク、オ客サン！」

ドイが近付いて行き、韓国語で話を進めている。

「オニーサン、オ酒クサイヨ、列車乗ル前、サウナ、行キマセンカ」

そう言うと意味ありげな笑い顔を作り、僕ら二人をずる賢そうな目で見つめて来た。

「なあカモ、オレそんなに酒くさいか」

ドイは僕の鼻先に「ハア」と白い息を吐きかけて来た。

「焼酎とウイスキーのボトルのキャップを開けたみたい。俺は」

同じく「ハア」とドイに息を吹きかける。

「お見事、何の澱《よど》みもないよ。アルコールそのまんま」

二人ともあきれた顔で見つめ合う。

「酒クサイダメデス。サウナ……ト、アガシ（娘）ノマッサージ。十万ウォンデス」

一万円か。思っていた通り娘付き。

ドイを見ると崩れるだけ崩れた幸せそうな笑顔で、無言のまま「行くべや」と鼻がひくついていた。

そう言えば昨晩はさんざん金を払わされて、カワハギに餌を取られてしまうような超高速おしゃぶりをされたままであった。

むずがゆいままである。

「なあドイ、列車の旅はどうするヨ」

「まだいっくらでもあるさ、俺さあ韓国の新幹線と呼ばれてる〝セマウル号〟ってのに一度乗ってみたかったんだよなあ、確か釜山《プサン》まで四時間くらいで行けるはずなんだ、それだったらいっぱい走ってる」

「いつ行ってもすぐ乗れるの」

「うん、うん、すーぐ乗れる」

「駅で長時間待たない？」

「大丈夫、だと思うヨ。だって韓国の新幹線だヨ」

「じゃあこの運転手信じて行ってみるか。アガシの、サウナの、マッサージへ」

「ちょっと早いけど、なっ」

話が決まると二人は急に元気になり、タクシーに乗り込んだ。

「運転手さん、ところで本当に十万ウォンでいいんですよね」

「ハイ大丈夫デス」

「何か楽しみだな、ドイ」

「おう。シャワー浴びといてよかったな」

「ところで場所は？　遠い……」

「ハイ着キマシタ」

「あらまあ、たった一ブロック走っただけかよ」

歩いても三分かからない場所へと連れてこられた。

2

床屋さんの赤・白・青の長いサインポールが二本、くっついてクルクルと回っていた。

運転手が指さし、

「一本クルクル、サービスアリマセン。二本クルクル、アガシ、サービスアリ」

そう言うとカブト虫程の太さはある親指を力強くガッと立て、「グワハハッ」と大声で笑った。

「タノシンデ下サイ」

そう言うと、僕らが店に入るまでその場に立っていた。

どうせ後で店から金をもらうのだろう。

少しカビ臭い店内に入ると、オレンジ色に輝く安っぽいシャンデリアの下で、冬だというのにうっとりとした目でゴルフクラブをタオルで磨いているデップリと太った中年のオヤジがソファーに座っているのが見えた。

僕達に気付くと途端に鋭い目付きに変り、すぐに日本人とわかったのだろう。

「イラシャイ。フタリ?」

とやんわりと、ドスの利《き》いた日本語で話しかけて来た。

言葉が出ず、二人ともただ頷《うなず》くと、

「オ金アト、サッ奥ヘドウゾ」

薄い板で仕切られた二畳程の部屋がずらっと十二、三あり、ビニール製のピンク色のカーテンが個室内を遮《さえぎ》っていた。

早朝だというのに何人か客が居る。

先客達はネクタイをしめ直し、背広をはおり店を後にして行く。

酒を飲んで夜遅くなった連中が、一発ぬいて、ついでに泊って行くようだ。

日本でいうならカプセルホテルのようなものか、それも快楽付きの……。

温泉マークのモーテル以外にも、いろいろな宿泊施設があるのだった。

僕の世話をしてくれる女性はだいぶ年季の入ったおばさんであった。

作り笑いをしてはいるが、にじみ出る疲れは隠せず、派手に塗りたくった化粧はねっとりと浮いていた。

こういう状況で間違いなく貧乏くじを引くのはいつもはドイであった。

タコ焼きを二人で食べるとドイのにはタコが入っていない。

サバの握りを二人で食べるとドイだけあたる。

クラス中の男がお世話になった女から、ドイだけ疥癬《かいせん》をうつされ、皆の失笑を買った事もあった。

この日、幸運はドイにやって来た。

笑いをこらえようとし、顔が妙にゆがんでいた。

ドイのお相手は若く、少年のような体をした娘だった。

小さい顔はまだ愛らしいが、おどろく程に色黒であった。

もちろん韓国女性にも肌の色が濃い女性だっている。

しかしその娘はびっくりする程黒い。

その事にドイは気付いていないのか、それとも可愛い事に満足なのか、気にする様子もなく、幸せそうに目を細めていた。

女性にうながされ二人別々の個室へと入って行く。

空き部屋はいくつもあるのだから少しは離れた部屋にしてくれればいいものを、並び部屋に通されてしまった。

音が何もかもつつぬけである。

服を脱ぐ音まで全てわかる。

おばさんが身ぶりで「服を脱げ」と告げ、腰に巻く大きなバスタオルをよこしてくれた。

「マッサージ、オーケー？」

と耳元でささやくと、股間をやんわりと握りしめ、ニヤリと微笑《ほほえ》んだ。

おばさんが顔を近づけささやいた時、ほんのりとメンソールの香りがした。

気が付かなかったが、個室に入ってからどういうわけかガムをクチャクチャ噛み始めていた。

個室内のマットに真新しいタオルを敷き、脱ぎすてた僕の服をハンガーにかけながらも、おばさんの噛み続けるガムのいやらしい音が小さな部屋に響き続けている。

くずれかけた体型に無理矢理体に張り付くような真っ白なミニのワンピースを着ているが、彼女が動くたびにだらしない脂身がぶよぶよと動く。

うつぶせにさせられる。

背中をマッサージし始めても、ガムを噛むのをやめようとはしなかった。

チップは払うまいと、心に決める。

すぐ隣の部屋でも同じ事をされているのか、「ングーッ」とドイが痛みをこらえるうめき声を上げていた。

ドイはその間も少しずつ娘と会話を楽しんでいるようであった。

時おり娘は可愛らしい声でクスクスと笑い声を上げている。

板一枚で大きな違いである。

ドイの部屋の会話に自然と聞き耳を立ててしまう。

会話の最中ドイが「え、何、何て言ったの」とつい日本語で言葉を返した。

「………」娘が同じ単語をつぶやくのが聞える。

大声で必死に同じ言葉をくり返す娘。

「うーん何のことやら……」

ドイがまた日本語で一人言をいっている。

つい耳をそばだててしまう。

娘はゆっくりと一言ずつ店中に響くような大声を出した。

「ガ・ン・グ・ロ！」

あまりの声の大きさに背中をもんでいたおばさんの手と、ガムを噛む音が一瞬止った。

「ガングロ？　何だそれ？」

ドイは困惑していた。

その子は日本語で「ガングロ」と必死になってドイに説明しているのであった。

彼女の肌の色が濃いのは、どこかの日焼けサロンへ行っているのだろう。

日本の流行がソウルにやって来ていたのだった。

何度も何度も「ガングロ！」と怒鳴る娘。

「うーんガングロ」とつぶやくドイ。

3

おばさんのなめ切った態度にすっかり萎《な》えてしまった僕は体をマッサージしてもらうだけでやめ、個室を出てソファーでドイの出て来るのを待っていた。

オーナーなのだろうか、太ったおっさんは僕に目をくれる事もなく、いつまでもクラブヘッドを磨き続けていた。

間《ま》の悪い空気の中、僕にふり返る事もなく、

「オ客サン、トーキョー、オーサカ？」

と聞いて来た。

「東京です」

どうでもいい事なのだろう、返事すらしなかった。

「ビール、飲む？」

部屋のすみにある冷蔵庫から缶ビールを持って来てくれた。

「じゃ下さい」

「コレ、サービス」

少しだけ笑みを浮べると店の奥へと消えた。

ビールを飲みながら改めて店の中を眺めてみると、ハサミと櫛《くし》を両手に持った若かりし頃の、さっきまでそこにいたおっさんの写真が壁にかけてある。

写真の中のおっさんはやる気に満ちあふれ、瞳は澄み切り、輝いていた。

バッグの中からパスポートを取り出し、四年前に撮った自分の写真を見つめてみた。

何がどう変ったのか、自分にはさっぱりわからなかった。

しばらくするとソウルのガングロ娘に手を引かれ、とろけそうな笑顔でドイがやって来た。

無言で深々とソファーに腰をかけ、タバコに火を点けた。

本当に美味《おい》しそうに煙をはき出すと、瞳は遠くをさまよい、少しばかりうるんでいた。

「おう、どうだったドイ」

大げさに僕にふり向き、ニカーッと大きな笑顔になった。

「イヤーいかったなー」

あまりに幸せそうなのでこっちまで楽しくなる。

「そう、そんなによかった……」

「幸せだ。俺は本当に幸せだ……」

「な、なに、そんなに幸せって、どんなサービスだった」

「手こきだ」

「そっ、それだけ……」

「うん、そうだ」

「他に、ほらお口でとか、すっ、すまたとかあるじゃないか。手、だけか……」

「そうだ」

そう言うとまた思い出したのか、遠くを見つめ「ウフフ」と一人笑いを浮べている。

「あれ、何カモ、お前何もしてもらわなかったのか？　なーんだ気持ち良かったぞ、何かクリーム塗ってくれてよ。いやーカモ！　もったいない事したな君は！」

「ところでドイ、部屋で娘が大きな声出してたなあ、何話してたの？」

「あっそうだった」

そう言うと慌《あわ》ててバッグの中から韓国語の辞書を引っ張り出して勢いよくパラパラとページをめくり出す。

「あれ、おっ、ウーンやっぱりわかんねェ」

「何だよ……」

「いやさあ娘が韓国語で聞いた事のない単語をくり返すわけよ、さっぱりだめでさ」

「何て言ってたのよ」

「いやあな、ガングロ、だって」

「…………」

「何だろうな、ガングロって……」

「なあドイ、あの娘色黒だったよな、気付いてたろ」

「あ、ああ」

「なあ出版社社長ドイ君よ、ガングロって知らないの？　床屋行った時『女性自身』とか読まない？」

「いやあ読まないな」

「シブヤ系は……」

「知らねーな、なーんだカモ少しは韓国語勉強してたのかよ、何だよガングロって、おしえてよ」

「スラングでさ、美人ちゃんて意味だってさ……」

「フンフン」と言いながらハングルを無理に当て字にしているのだろう。大切な辞書に何やら四文字を書き付けたドイ。

一つ利口になった。そんな顔をしてドイはパタンと辞書を閉じた。

「さっ体も軽くなった事だし、セマウル号に乗って釜山へと出発するか」

「うん、そうしよう」

陽はさしてきたが吹き付ける風は凍て付いたままであった。

いつもなら猛スピードで走り去る車も凍った路面をノロノロと慎重であった。

東京駅によく似た赤レンガ造りのソウル駅構内はたくさんの人でごった返していた。

軍服を着た若者達がいやに目立つ。

時間待ちのためだろう。いくつかあるテレビの前で、何十人もの人々が冷たいロビーに座りこみ、じっとテレビを観ている。

スルメを肴《さかな》に焼酎を飲《や》っているおとうさん達は真っ赤な顔をしながら大声で話し合い、笑い、酒の匂いをあたりにまきちらしていた。

釜山行きのセマウル号はドイの考えていた通り、それ程待つ事なく四十分後の列車に乗れる事になった。

どうしてだろう、乗り物に揺られると思うとどうしてもそわそわとし、酒を飲まなくてはいられない体質である。

ソウル駅のキオスクにはビールはもちろん、焼酎まで置いてある。

「焼酎買って行くべ」とドイと二人してキオスクへと向う。

「もう一本……」

「いやもう少し……」

「たりねーべ……」

などといいながら、スルメ、のり巻きに結局ビール四本、焼酎を七本も買ってしまった。

何がそんなに楽しいのか、男二人がニコニコと酒ビンをかかえて浮き足立っている。

僕達も同じようにテレビを観ている人々に混ざり、ロビーに座り焼酎を飲り始めた。

寒さに凍えた体によくしみる。

二十五度のアルコールが喉から胃へと流れているのがわかる。

やはりこの寒さが生んだ酒なのだとしみじみ実感させられた。

チェイサーの代りに缶ビールを飲む。

案の定、あっという間に二人は見事な酔っ払いに変り、四十分という待ち時間はいつの間にか過ぎ、二人は車中の人となった。

4

列車に乗りこむと韓国語、英語、そして日本語のアナウンスが流れて来た。

スピードは日本の新幹線とまでは行かなかったが、車内は静かで座席はゆったりとして気分の良い列車の旅になりそうである。

「いやあ良かった」

先程の床屋の手こきを思い出してか、真っ赤な顔したドイは「フーッ」と深い、酒くさいため息をついた。

「ウフッ、なあカモ、あの娘さあ俺に何て言ったと思う？」

「何だよ」

「ウフフッ、いや恥ずかしいなあ。あのさ、俺のがさ、こんなに大きいの見た事ない、だって！　瞳なんかうっとりとしちゃってさ、したいわ、なんてささやいちゃってよお……」

あの娘、若いのに立派な商魂だ。

「だからよお、俺教えてやったんだよ、こういう立派なのはね、日本語で巨根！　オヲツって言うんだ、って……フフフッ」

「いらん日本語教えおって、アホッ」

「でもさ、俺ピーンと来たね、あの娘俺のさわっただけで二回はイッたね……」

「……はあ……」

「うん、間違いない、二回だ」

「お前日本で風俗って行った事あるの？」

「十九ん時一回だけ……うーん十九の春か……いい歌だ」

「あのさ、ああいった店では適当にそんな事平気で言うんだって、お前たまには行けよフーゾクくらい。何だか聞いてると心は十五歳のままの少年じゃねえか。また女にころっと捨てられちまうぞ」

「それ言うなよなあ……」

ドイは十五年近く前一度結婚している。

相手はパンクロッカーの拒食症で、心を病んでいた。

思い出したのか、急に無口になったドイと僕は、焼酎をあおり続けるだけであった。

列車の自動ドアがスッと開くと売り子がワゴンセールスにやって来た。

色白の可愛らしい娘であった。

「アガシー!」

大声で呼びとめるとドイはビールを二本買った。

「まだビールあるじゃないか……」

「いやあ美人だからさ、つい声かけちゃったハハッ」

酔って気が大きくなったドイ。

外の雪景色を眺めながらゆらゆらと揺れている。

釜山までは時間がある。

持参した本を開くとすぐに眠ってしまった。

気が付くと一時間は寝ていた。

横のドイを見ると奴も手にスルメの足を握ったまま静かに寝息を立てていた。

肘《ひじ》をわき腹にくらわすと「ウッ」と声を出し、目を覚した。

「何、もう着くの……」

「いやまだ、酒飲むべ」

「そうだな……」

焼酎の小ビンが四本空いた頃、車内にある大きな画面のテレビから韓国の映画が流れ始めた。

悲しいピアノの旋律にのって女性が誰かに宛てた手紙を読むシーンが映し出されていた。

病気で死んで行く女性と、その恋人とのラブストーリーである。

目を見開いて画面を見つめるドイ。

コップを持った手が自動的に口に酒を流しこんでいる。

ふとドイの横顔を見ると大粒の涙が頬をつたって流れ落ちている。鼻水が上唇にくっついている。

「お前何泣いてんだよ、きたねェ。洟《はな》かめよ」

洟をかみ手の平で涙をぬぐうと、

「だってよお、この映画悲しいべや」

「お前悲しいって、まだ始まって十分だぞ、話わかってるのかよ……」

「いやわかんねエ、でも泣きたいんだよ」

ホロホロと溢《あふ》れ出す涙を見て、ドイには悪いが笑うしかなかった。

ワゴンセールスの娘がやって来てドイの泣き顔を見て、笑いをこらえ足早に逃げて行く。

映画はクライマックスに近づいてゆく。

女性が静かに息を引き取ろうとしていた。

ドイはというとウオンウオンと声を出しながら顔中涙でベトベトにしていた。

悲しい旋律とともに映画は終った。

ドイはビールを水がわりに飲み、泣き続けている。

「だめだわ、こーゆーの、カミさんの事思い出しちゃって……」

「別れたカミさんか……」

「ウエーン……あのなあ、俺なあ……あいつが出て行く前日になあ……」

そこでドイは絶句してしまった。

結婚と言ってもドイにとっては病人を介抱しているようなものだった。心を閉ざしたままだった彼女の心を少しずつ解きほぐしていく毎日だった。いつしか彼女の病いは治って行く。

もう大丈夫、これから幸せになれる。そう思った途端、彼女はドイを捨て他の男と家出してしまったのであった。

数日後、彼女の印鑑が押された離婚届がポストの中にひっそりと置かれていた。

「俺よう、この間東京へ行った時、高円寺の居酒屋でばったり前のカミさんに会ったんだよ」

「…………」

「あいつさ、俺の事わかってるのに全く無視しちゃってさ、男といちゃいちゃしてるんだ。悲しいよ……」

「まあそんな事もあるよ。気にすんなよ」

なぐさめるしかなかった。

「まっ焼酎をぐーっと飲れ。忘れちまえよ、そんな女」

小ビンからそのままラッパ飲みするドイ。鼻水と涙でぐちゃぐちゃだった。

「彼女が家出する前日なあ、俺幸せになりたくてさあ、子供欲しくてさあ、セックスしたんだよ……」

そこで嗚咽《おえつ》のせいか、鼻水が「ブッ」と飛びちった。

「子供作りたくてさあ、幸せになりたくてさあ。それなのに俺どうしたと思う？」

「わかんないや……」

「ウウッ……コ、コ、コンドームはめてやんの、俺。いつもの癖でコンドームは、はめ、はめて……」

そこでまたドイは絶句した。

嗚咽で丸めた背中がひくついている。

「そんな事もあるさ。あんまりないと思うけれど……いいじゃないか、日本のオオヅツよ、新しい幸せ探せよ」

巨根と言われて少し落ち付いたのか、すっと涙が引き始めた。

「ほら使いでのある一物があるじゃないか、なっ元気出して、飲もうぜよ」

「うん、飲もう……」

この男の心は本当に十五歳の心のままなのか。単純に、元気を取りもどしていた。

つい先程まで泣きじゃくっていた中年男は元気にごくごくと焼酎をラッパ飲みし始

めた。

ワゴンセールスの娘がまたドアの向こうからやって来た。

ドイを見ると笑ってしまいそうなので下を向く、そんなそぶりでやって来た。

「アガシー」

ドイが呼んだ。

「アガシー、メクチュ（ビール）ハナ（一本）」

お金を払うドイ。もう一度「アガシ」と今度は声をひそめて呼んだ。

「アガシ……ガングロ」

娘はきょとんとしている。当り前である。

もう一度、娘を見つめながらやさしい声でささやく。

「アガシ……ガングロ……」

何じゃこのおかしな日本人のおっさんは、娘はそんな顔をするとドイを無視して逃げて行った。

「いやあカモ、スラングまで教えてもらっちゃって、やっぱり持つべきものは友とはよく言ったものだなあ」

心の中で深くドイに詫びた。

新アジアパー伝
さて宿に帰ってシャワーをあびるボク。
しゃー
オフロを出る時シャワーの温度を一番高くする。
きゅ
うおーあちちちちち
じゃー
うわっ大変土肥に何かあったんだ。行ってみよう
はい
シャワーが熱湯でよー
ホモのごちそう。濡れもほっこほっこ中年

表紙ですいません。

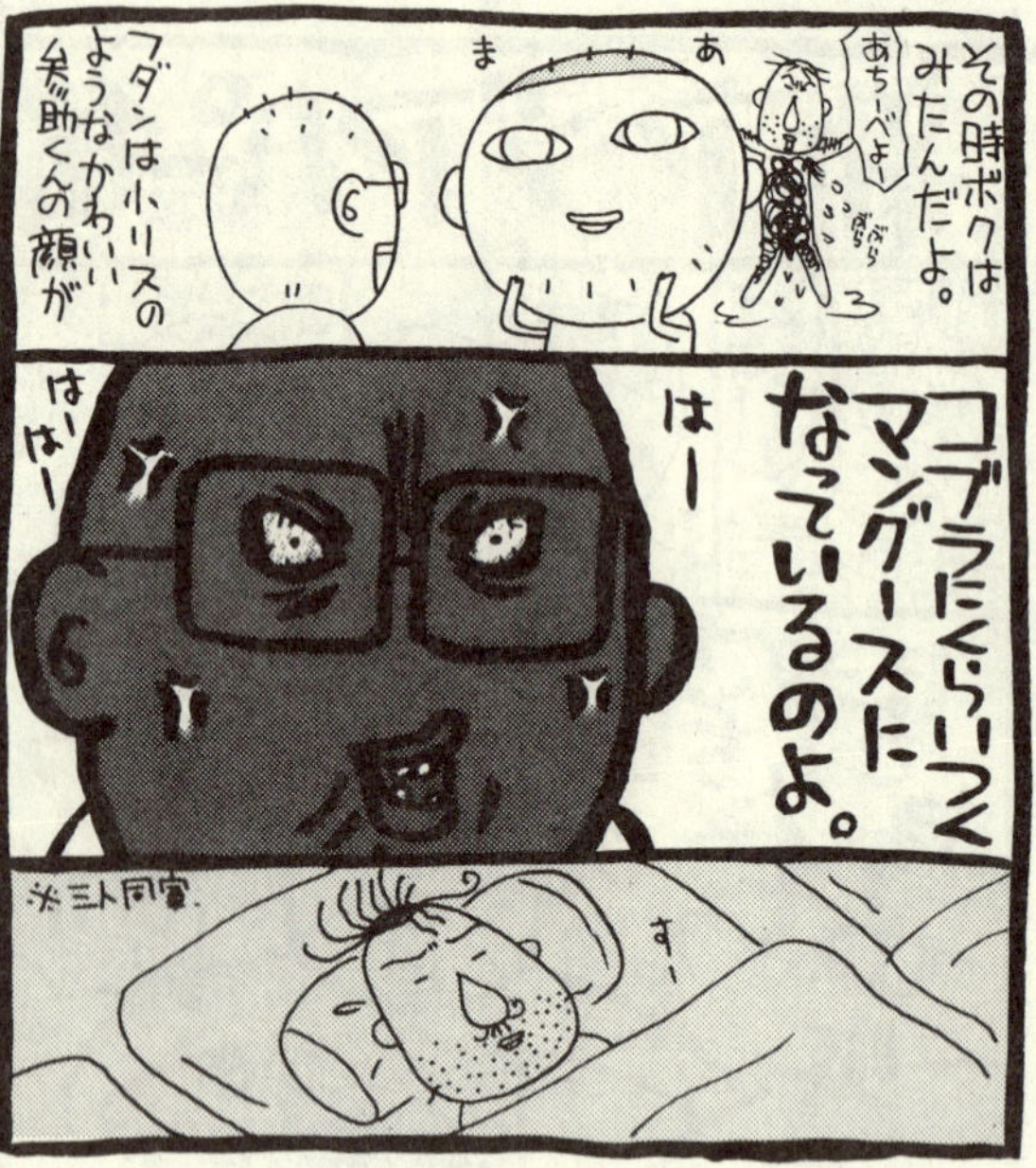
その時ボクはみたんだよ。
あちーべよー
ぶらぶら
あ
ま
フダンは小リスのようなかわいい
助くんの顔が
コブラにくらいつくマングースたなっているのよ。
はー
はーはー
※三人同室.
すー

1

夜だからなのか、思いのほか北京の空港は人の姿もまばらで、静かであった。

いかにも国際空港といった風情で、他のアジアの国々のように〝国際〟と言っておきながら、市場の何もかもが混じり合った匂いがするとか、人々の汗や垢の発散にむせかえる事もなく、空気も清潔に

温まっていた。

両替に手間どると覚悟していたのだが、税関を出ると、どんな外国人が見てもわかるような両替機がいくつも設置してあり、簡単に手持ちの紙幣を人民元に換える事が出来た。

一万円が約六百元であった。

到着してすぐにケンカの一つもする気でいたので、何だか肩すかしをくらった気になりタクシー乗り場を捜していると、

「タクシー？　タクシー？」

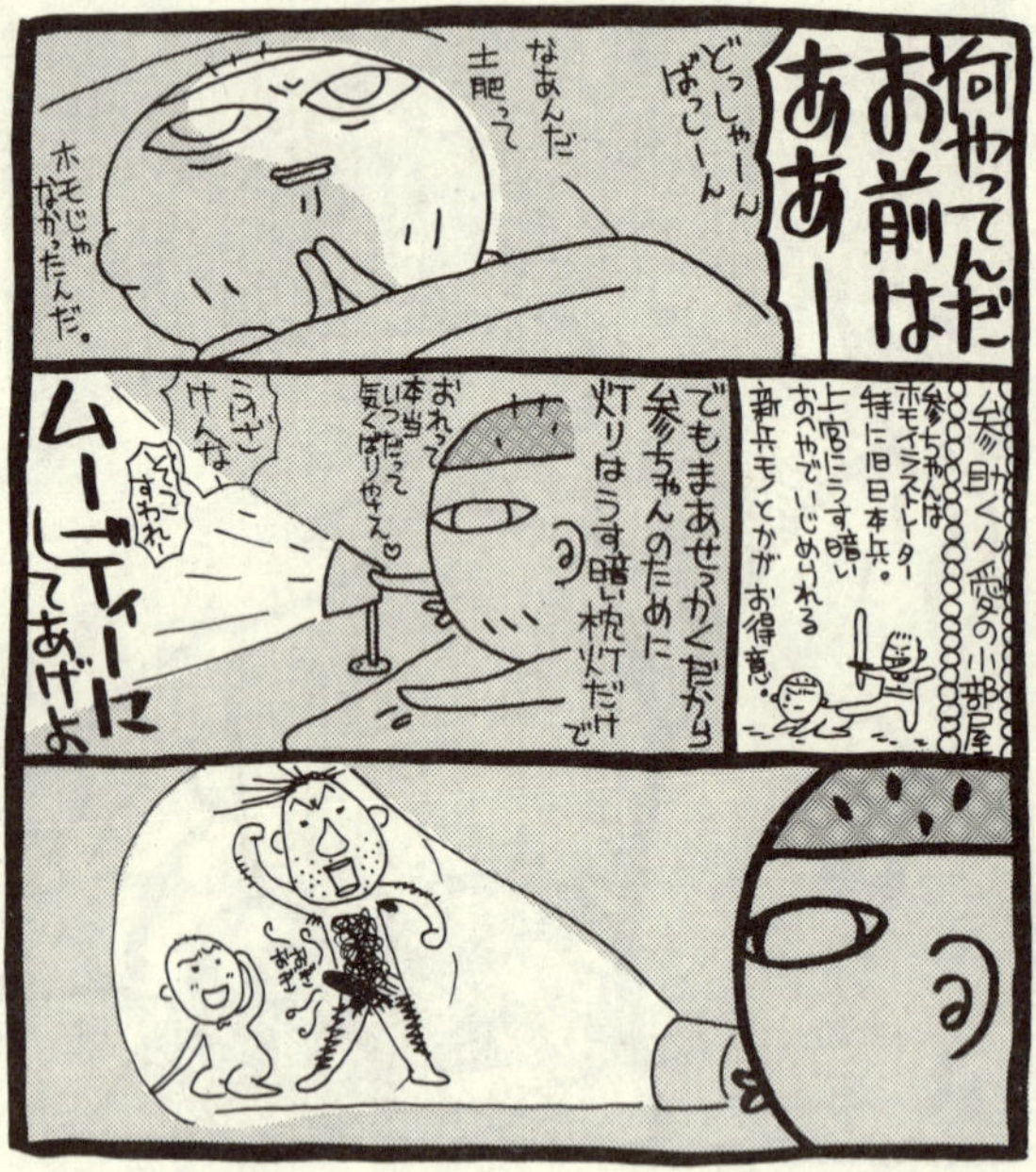

思っていたとおり白タクのおやじがやって来た。

どこの国でも風体のよからぬ人々である。

にらみつけてやろうとふり返ると、妙に人なつこい笑顔の、何ともにくめない老人であった。

「タクシー？　ホテルどこ行く？」

日本のどこにでもいる、熱《あつ》燗《かん》を大事そうに飲み、つまみは煮こみ一つだけでニコニコしているような老人の顔を見ていると、騙《だま》されてみようかと思った。

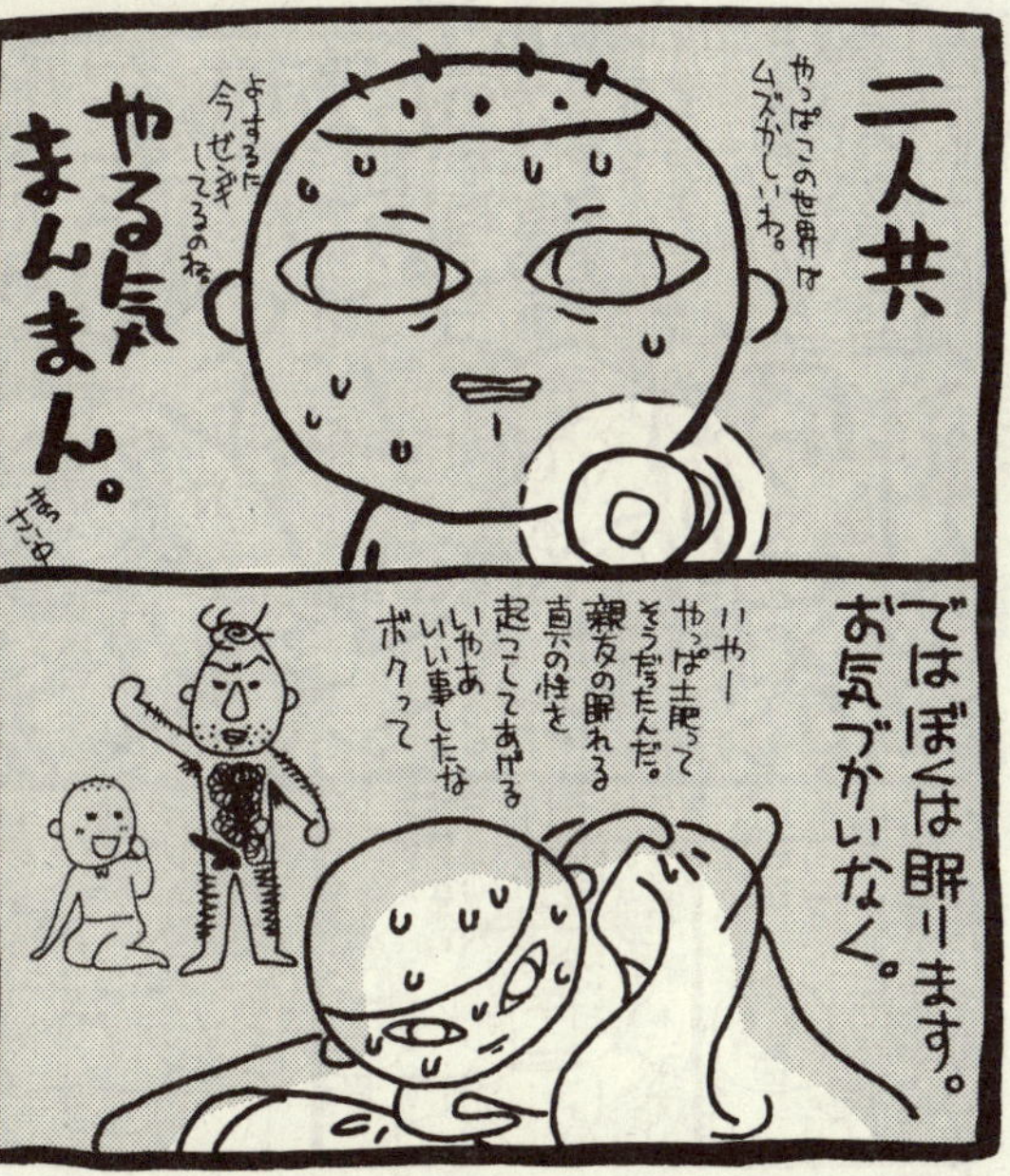

ホテルの名をつげると「百八十元（約三千円）」とささやく。ついてこい、目でそう言うと、早歩きで到着ロビーを出て行く。

空港内を出入りする赤色のタクシーと同じ車であった。ドアにはちゃんと「的士《ディーシー》」と書いてある。

百八十元は間違いなくぼっているのだろう。ホテルまでの道中、やれどこのホテルの方が安くていい、とか「娘はどうだ」と言ってくるに違いない。

そんな話を聞ければ、少々

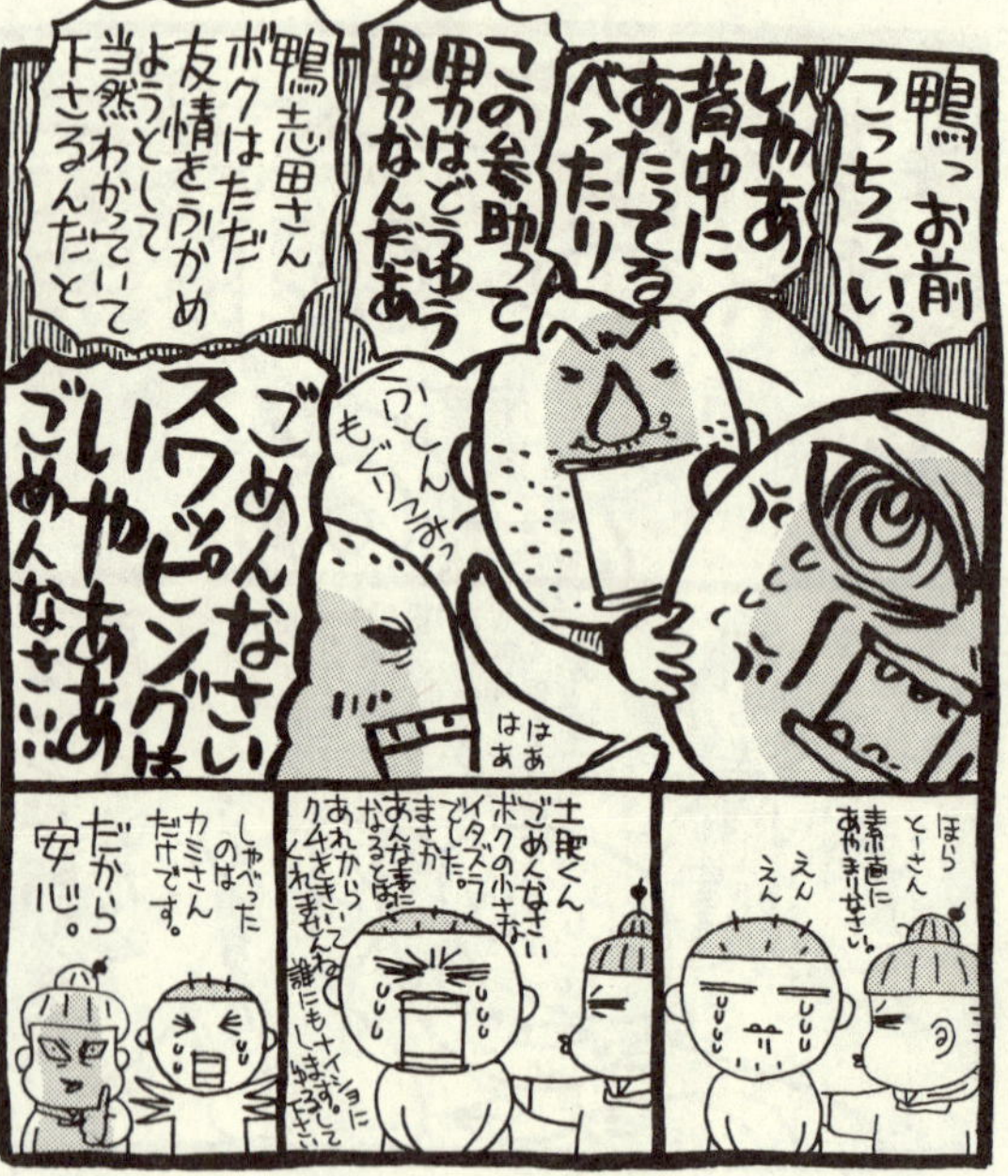

ふっかけられてもかまわない。

初めての地である。どういった話をしてくるのか……。

それが楽しみであった。

老運転手は車を無言で発進させる。

バックミラーで僕の様子を見ようともしなかった。

乗り心地は良くも悪くもない。

子供の頃乗った国産車を思い出させる。

市内へと向う高速道路も幅広で立派な物であった。

老人は全く話しかけてこなかった。

運転も慎重であった。

結局一つもスケベな話をするでもなくホテルへと着く。

また肩すかしをくらった。

初めての中国一人旅は静かな始まりであった。

部屋に荷物を置き、夜の街へと出かける。

さすがに吐く息は白く、寒さに頰《ほお》はひきつった。

ホテルを出てすこし歩くと、うす暗い街灯の下によどんだような一角があった。

月の光にうっすらと浮んで見えるその街角は、建物もそろって背が低い。

無闇に広い道路を渡り、あやしげな路地へ進んで行くと、暗がりからまっ黒に着ぶくれした老婆が突然現れた。

ギョッとして立ちすくんでいると、よごれた手をさし出して何やら金を恵んでくれとつぶやいている。

ついさっきタバコを買った時のつりがポケットに入っていたので、コインを二、三枚手渡した。礼も言わずどこかへ消えていなくなった。

冷たい空気の中、背中を丸めながら歩いて行くといくつもの小さな雑貨屋や食堂が目に付いた。

やがて道は行き止まりになり、見上げるとその先は団地であった。

どの部屋からも、もれてくる光は弱々しく、オレンジ色にゆらめいていた。ホテルなどのある商業地は光にあふれていて、住宅地はひたすら暗い。

そう言えば雑貨屋の軒先には必ずといっていい程、電話が置いてあった。

電話もそんなには普及していないのだ。

2

団地の大きなコンクリート塀にそってほこりっぽい道を歩いていると、ポツリと一軒、食堂が光を灯《とも》していた。

五坪程の小さな店内をのぞきこんだ。大勢の男達が大声で語り合い杯を傾け合っていた。

冷凍倉庫にあるような、外気を入れないための塩化ビニール製のカーテンをわけて入って行くと、席が一つだけ空いていた。

北京語など、一言も話せない。

従業員であろう娘に、

「あそこいいかな」

空いている席を指さしながら日本語で話しかけると、紙きれのメニューを持って席まで案内してくれた。

どうにかなる、と勝手に思いこんでいたが、漢字だけで書かれた料理というのは理解に苦しんだ。

とりあえず酒だ、そう思い娘を呼びよせ、すぐ隣の席でおやじ達があおっている酒を指さし、持ってこいと日本語で伝えた。

強力な茅台酒《マオタイチユウ》であった。

一口飲んではげしくむせ返った。横のおやじさんが大声で笑って背中をさすってくれた。

酒をすすりながら改めて彼らの顔を見た。どこからやって来た者とも知れぬ僕を、やさしい笑顔で眺めていた。

「……？」

何事か聞いている……。

ノートに、

「日本、東京」

と書く。

「ウオー、トンキン、トンキン……」

それだけで、ただやみくもに……乾杯が始まった。

「カンペイ！」

何度続いた事か。

おやじの一人が酔ってノートとペンをひったくると漢字で、

「乾杯」

と書いて、ニコニコと僕に見せた。

中国人に、杯を乾《ほ》すと書かれると何となく納得してしまうのが不思議であった。

酔った目でメニューを見つめる。麻婆豆腐と酸辣湯、その二つだけどうにか読みとれた。

娘を呼び「これと、これ」と指さしてみる。

「マーボードーフ、サンラータン」

呼び方が一緒であった。この二つだけでとりあえずやっていけると安心する。

メニューに料金が二つあり、値段の安い方には〝例〟と書かれてあった。〝並〟の事であろう。

しかしはこばれて来た物は、日本でなら四、五人分の皿の大きさであった。

スープも、ラーメン丼《どんぶり》になみなみと注がれている。

味も塩からく、化学調味料山盛で、胃に穴が空きそうであった。

しかも「カンペイ」は未だ終っていない。

いつの間にかおやじ達はぐらぐらと揺れ、空になったボトルが三本テーブルにころがっていた。

つまみもロクに食べないまま、いつしかおやじ達と席を立ち、店のすぐわきで皆でつれしょんをし、そのまま別れた。

記憶がそこで終っていた。

気がつくとベッドの上だった。

テレビも部屋の明りも点《つ》けっぱなしである。

サイドテーブルのメモ帳に何か書きなぐっている。

ふるえる手をのばし、見ると……。

〝あの山の上に〟

と書いてあった。

何なのだそれは……。

「バカ！」と一人言をうめき毛布の中にもぐりこむと茅台酒の、ブルーチーズのような匂いが体の毛穴という毛穴から発散しており、自分の体臭にむせかえり飛び起きてしまう。

点けっぱなしであったテレビを見ると、中央電視台の五チャンネルが流れていた。どうやらスポーツチャンネルである。

朝の体操の時間であった。

おじいさんが太極拳の演武をやっていた。

しばらくすると画面が変り、驚く程、手足の長い中国美人三人が、黒いハイレグのレオタードに身を包み現れた。

思わず「ほう」と言葉がもれた。

何をするのか、くい入るように見つめていると、何とも優雅に、ゆっくりとバレエの基礎訓練をテレビでやり始めたのだった。

「アン・ドゥ・トワー」

しかし、ここは中国である。

「イ・アール・サン」

と体をくねらす。

艶っぽいったらありゃしない。

朝っぱらからお世話になっている青少年はさぞかし多いのだろうなあ。中国だから何百万人にもなるのかなあ。

つまらない事を考えながら僕もお世話になった。

誰かの高笑いが聞えたような気がして、そのままふて寝と決めこんだ。

3

昼過ぎに目が覚めた。

地図を広げて見ると天安門はホテルから四ブロック程の場所にあった。

まあせっかくだから見に行こうかと、カメラを持って出かけた。

自転車に乗る人々はまだ多い。

信号にも自転車用の信号があるくらいである。

地図と磁石をたよりに歩いて行く。

何故だろう、いくら歩いても天安門が見えてこない。

間違いなく方向は合っているのに、行けども行けどもたどり着かない。

近所なのでタクシーに乗るのも癪《しゃく》にさわる。

地図で見るかぎり東京の我が家から最寄りのＪＲの駅へ行くより近いハズだ。

四十分歩いても何も見えない。

たまりかねて歩いていた男性に声をかけ、地図を見せ「天安門！」と大声で言うと、遠くを指さした。

目をこらした。はるか遠くにそれらしき横長の建物が白くよどんだ空気の向こうに見えていた。

バカらしくなってそのまま引き返した。

でかいのだ、この街は。一ブロックが思いもよらぬほどの大きさなのだ。

自転車がなくならない理由もわかった。

今度来る時は自転車を買おう。そう決めた。

おそい昼食はホテルのそばでとった。

「牛肉面」と書かれた看板にさそわれて入ると人でいっぱいであった。

牛肉ラーメンである。

例によって〝例〟は三元（約五十円）とある。

それに〝加肉〟。牛肉の大盛の事であろう。それが五元（約八十三円）であった。〝例〟といってもきっと大盛である。

よごれるままにした白衣を着た店員に〝例〟を一杯たのむ。ふと横を見ると、昼間からラベルに五十六度と書かれた酒を飲みながら、おやじ二人がピーナッツとチャーシューをかじっていた。

おやじ達はピーナッツに醤油《しょうゆ》をたっぷりとかけていた。うまそうだったので一つ分けてもらう。意外な美味さであった。ピーナッツの甘味が醤油で引き立っている。〝豆汁を豆にかけて食す〟とよくわからぬ事をメモしていた。

牛そばがやって来た。

やはり大盛である。

しなびた香菜《シャンツアイ》がちりばめてあり、ドッグフードのようにこま切れになった牛肉がちらほら見えかくれしていた。

ダシは、牛の旨味《うまみ》がよく出ている。でもやっぱり塩からい。化学の味もてんこもりである。

立派なのはメンであった。

よくコシがありつるつると喉《のど》ごしもよい。どうやら手のべである。

最も感心したのはメンの長さであった。

すすっても、すすっても終らないのだ。

まるで回虫のように、一本が目の前の丼の中でうずまいていたのだ。

めん打ち職人のワザに感心しきりであったが、こんなに食べづらいラーメンを食べたのも初めてである。

何だか塩からいだけで味気ないなあと思い周りを見ると、皆ラー油をダボダボとふりかけているではないか。

そうかこれが足りないのかと同じように入れてみると、なる程、味が一段よくなる。

どこの国へ行っても必ず一つは忘れる事の出来ない庶民の味というものに出合う。

ホーチミン市内の道ばたで食べたプリプリに太ったハマグリ。

プノンペンでの魚醤のしみこんだフランスパンで作られたサンドイッチ。

どれもこれも忘れられない。

牛そばは僕にとって北京の味となりそうだ。

日中の北京はただほこりっぽいだけで、とにかく無機質な街であった。

人口は多いはずなのに人いきれも感じず、艶っぽい香りも全くしない。

しいて挙げるなら公衆便所の周りにアンモニア臭がただようばかりで、歩いていて、ふと便所の横を通り過ぎるとき、ためしに思いきり深呼吸してみてオシッコの臭いにむせ返り、初めて人々の生活を身近に感じるのだった。

生き物というのは排便とセックスしている時が一番無防備で、危険な時間だと思うのだが、前から色々と聞かされていたように中国の公衆トイレには、ウンコをするのに扉がない。

ひり出している間にも人々は便所の出入りをくり返している。

自分が秘かに自慢出来る事といえば、きれいに手ばなをかめる事と野グソにかける時間が短い、という事であった。

ためしに僕も扉のない便所でクソをしてみた。

いきんでも、いくらきばってもなかなか出ない。

カメラバッグを肩にかついだまま、ズボンを下ろし、入ってくる奴らをにらみつけながらする排便はちょっとした恐怖であった。

小便をしに入ってくる者、クソをしに来る者。奴らの視線を見ていると、しゃがんでいる僕の存在に気付いてはいるものの、当り前の行為をただちらりと見やるだけで、ただ静かに自分の用を済ましてさっさと出て行く。

恥ずかしがっているのは僕だけであった。

親指一本分くらいのがポロリと出た。

そこで気付いた。

紙がないのである。

しょうがない。ポケットにある毛沢東が刷られている二十元紙幣でシリをぬぐって逃げるように便所を飛び出した。

牛そば七杯分を便所にすててしまったのだった。

ケツなど拭かなければいいんだ。

とぼとぼと歩きながら弱虫になった自分を反省した。

4

夜、あてもなくふらふらと彷徨《さまよ》っていると店先に大きな水槽をそなえた小さな食堂に出くわした。

何だろうと覗きこんでみる。魚は一匹もおらず、エビもカニの姿もない。

一つの水槽には真っ黒な大きなカエルが十匹程。

もう一つには、すっぽんが三匹もがいていた。

さそわれるように店に入る。

若い娘がメニューを持って来てくれたが、やはりどうにもわかりにくい。

娘の手を取って水槽の前へ行き、

「カエル食べたいんだけど！」

とメニューを鼻の先につけると、「ウンウン」と大きく頷《うなず》きながら調理法の二ヵ所を指さしてくれた。

北京語で一生懸命説明してくれている。

「わかった。じゃあね、このカエルをいためて！」

と言いつつ、娘が手にしていた伝票をうばい取り、「炒」と書いた。

それを娘はくい入るようにじっと見つめ、パッと大きく笑った。

「カエルを炒《いた》めたのが食べたいんだ！」

そう言うとウンウンと大きく頷いた。

席にもどりただ七十六度、とだけ読めた酒を持ってこさせ、肴《さかな》が来るのを心待ちにチビリチビリと飲《や》っていた。

しばらくすると湯気の立つカエル炒めがやって来た。

今までの経験で、アジアのどの国でもカエルで損した事は一度もない。

カエルカツ。

カエルムニエル。

カエル一夜干し。

カエルカレー……。

北京のカエルも見事な味であった。

淡泊だけれども滋味深いもも肉は他のどんな肉にも敗けていない。

僕自身は、とても食感が似ているが、天然物のトラ河豚《ふぐ》より美味《うま》いと思っている。

指を油まみれにしながらカエルをかじり、酒をあおっていると、急に店員の動きがあわただしくなり、背すじをピンと伸ばし、入り口に整列していた。

ガラス張りの店内から外を見つめると、大きな黒塗りのドイツ製の車が横付けされ、その中から大柄な男がコートをひるがえしてやって来た。

その後から運転手であろうか、坊主刈りの若者がかしずいて店に入って来た。

丁度空いていた僕のすぐ前の席へどっかりと座る男。

きれいに短く刈った頭、人を射抜くような眼光に、店員は皆脅《おび》えていた。

男の身のこなしには、スキが少しも見えなかった。

盛り上った体中の筋肉が、黒いスーツの上からも見てとれる。

軍人あがりだろうか、だとしても彼の目はあまりにも冷えきっている。

他の土地で、何人か見た事のある特殊部隊の連中と同じ種類の瞳をしている。

仕事として、きれいさっぱり人を殺せる奴らと同じ目をしていた。

ふと彼がこちらを向いた。

酔いもあったのだろう。

目をそらさず見つめ返していた。

「お若いの、食事の邪魔はするなよ」

彼の目はそう言っていた。

背を向けて座っていた若い男の方が僕の視線に気付き、ふり向いてすごみをきかせ、ポケットに右手を入れいきおいよく立ち上った。

「！」

軍人風が、低く、強い声で怒鳴ると若い方はまた向き直り、礼儀正しく座り直した。

店員のびくつきを見ていると、この男はどうやらここらでは顔の知れたヤクザなのだろう。

彼の周囲には違う空気が流れているように見えた。

若いのが男にビールを注ぐ。

手がふるえ「カチカチ」と音がする。

一言大きなうなり声を上げ、ビールを飲みほすと若い男に返杯していた。

今まで店内は明るく楽しげな声が響いていたのだが、彼らが来てからというもの、しーんと静まり返っていた。

酔いもあったのだ。

僕一人だけ心の中で「やるならやったるぞ！」

そんな事を思いながら七十六度をあおり続けていた。

彼らの席に鍋が運ばれて来た。

甘い、ダシのよくきいた香りがやって来た。

「いいから先にやれよ」

そんな事を言っているのか、男は若者に先に鍋をつつかせている。

タバコをふかしながらニコニコと見つめている。

若者が箸をのばし、つまみ上げたのはスッポンであった。

若者は背中を丸めて遠慮がちに、「クチャクチャ」と音を立ててスッポンに食い付いていた。

「チュー、チュー」と骨に付いたゼラチンを吸い、食べつくしたクズをテーブルにはき出し、箸を休める事なく、男に酌をする事も忘れ食べ続けていた。

男はテーブルに両肘をつき、微笑《ほほえ》みながら若者が食べ続けているのを見つめている。

たまに目が合うのか、

「ほら、遠慮するなよ」

なのか、

「全部食っちまえ！」

なのか、ぶっきらぼうなのだけれど、やさしく若者に話しかけていた。

僕は店員の娘にメニューを持ってこさせた。

メニューの中でスッポン鍋は〝滋養〟と書かれたページに載っていた。

値段も百二十元（約二千円）とこの店で最も値の張る料理であった。

人殺しの、冷たい暗い瞳をした男は若者の姿をたのしそうに見つめている。

5

鍋か……。

父を思い出していた。

僕の父親は特殊部隊あがりでも、人殺しでも、ヤクザでもない。

どこにでもいるサラリーマンであった。

高校一年のある冬の日、学校をさぼって街中をうろついていると、チンピラ数人にいんねんをつけられ、ボロクソにやられた事があった。

鼻の骨は折れ、いつまでも血は止らず、片方の靴はどこかへ飛んでなくなってしまい、雪道だというのに裸足《はだし》で帰らなければならなかった。

家は札幌の中心地に程近い場所にあった。雪の降る夜などは時計台の鐘の音が聴えるくらいの場所であった。

悔しさと、体中の痛みで泣きそうな気分をどうにかこらえ家へと帰り着いた。

母はボランティア活動をしていて平日家にはいない。

鍵を開け部屋に入ると、甘い、いい匂いに満ちていた。

父が何故か家にいた。

仕事に行っているはずの父が、暗い台所で鍋をつついていた。

突然帰ってきた息子の、それも血だらけにボロボロになった姿を見て、

「どうした！」

と言う前に、父は、

「お鍋の研究をしていてね……」

と訳のわからない事を口走った。

父は仕事をさぼったのだった。

うまい言い訳をその場で取りつくろおうと必死で、血だらけの僕にいつまでも気が付かない父であった。

自身の恥ずかしさからか、酒の入っていた父は急に怒鳴り始めた。

「お前らのためを思って仕事をしてんだ！　文句があるなら出て行きやがれ、何だそのきたねーかっこうは。お前なんかにこの鍋は食わしてやらねーからな！」

そんな物、欲しいなんて一言も言っていないのに……。

男はごはんを一膳持ってこさせ、スッポン鍋の汁をかけて食べていた。

一匹まるごと、若者はきれいにたいらげた。

テーブルには骨の山が出来上っていた。

また男とふいに目が合った。

どうしていいかわからず、目礼した。

男は片方の唇だけつり上げニヤリと笑い、恥ずかしそうにそっぽを向いた。

いきおいよく立ち上がると、男達は店内の人の見送りをよそに風を切って店を後にした。

ガラス戸を通して、すぐ横にある果物屋に彼らが立ち寄っているのが見えた。

若者に色々な果実をすすめている。

南国の果物がたくさん置いてある店であった。

男は小ぶりなドリアンを一つ、つまみ上げると、遠い目をしながらドリアンの尻の匂いを嗅いでいる。

いくつかそうして「これにしろ」と言っているのか、若者に手渡した。

たくさんの果物を若者に持たせ、車に乗りこみ、男達は去って行った。

僕はカエルも食べつくし、強い酒によろよろしながら店を出た。

氷点下の道に座りこみ、タバコに火を点ける。

トロリーバスがうるさく道を通り過ぎて行く。

その横をドイツの高級車がけたたましくクラクションを鳴らしながら走りぬけ、しばらくすると「パカパカ」と馬車がゆっくりと通って行った。

昨晩物乞いをしていた老婆がまたやって来た。

僕の顔をすっかり忘れていた。

ポケットから使いもしない小額紙幣を選んで渡そうとすると、小銭だけひっつかんでまたどこかへと消えた。

この街には野良犬の姿がない。

ほこりっぽいし、きれいでもない。

どやの人の匂いもない。

「好きになれないな……」

独り言をつぶやき、タバコをふみつぶし、手ばなを「チン」と一発歩道にあびせてやった。

それから僕は毎朝、中央電視台のバレエの三人娘にお世話になり、昼は食いづらい牛そばをすすり、夜はスッポン鍋を食べるようになった。

スッポンを食ってホテルへ帰ると、丁度点けたテレビで天気予報が流れていた。

中国各地の天気、気温が映し出されている。
「ハルピン、マイナス二十七度」
というのが目に付いた。
旧満州の北のはずれである。
父はそのあたりで生まれたと聞いた。
北京にはもう五日もいた。
観光名所など一つも行かず、いや行く気もない。
天安門も、もういい。戦車がいる訳ではないのだから……。
スッポンも、もう飽きた。
ハルピンへ、行ってみるか……。

新アジアパー伝
前に鴨が心に病気をもっていると
まんがにかいたら、
たくさんの人から手紙を頂いた。
「うちもそうです。」「私が。」
「夫が。」「子供が。」
そしてみなさんに一様に同じアドバイスを
頂いた。
「大切なのは受けとめてあげる事。」
「一生そばにいてあげる」と安心させてあげる事。

1

バカらしい程に幅広な道をタクシーに乗って行くと北京駅が見えて来た。

さすがに万里の長城を作り上げた人々の末裔《まつえい》だけある。

これだけ大きな建物を作る必要があるのだろうか。

つい笑ってしまった。

東京駅を五つ並べたくらいの大きさであった。

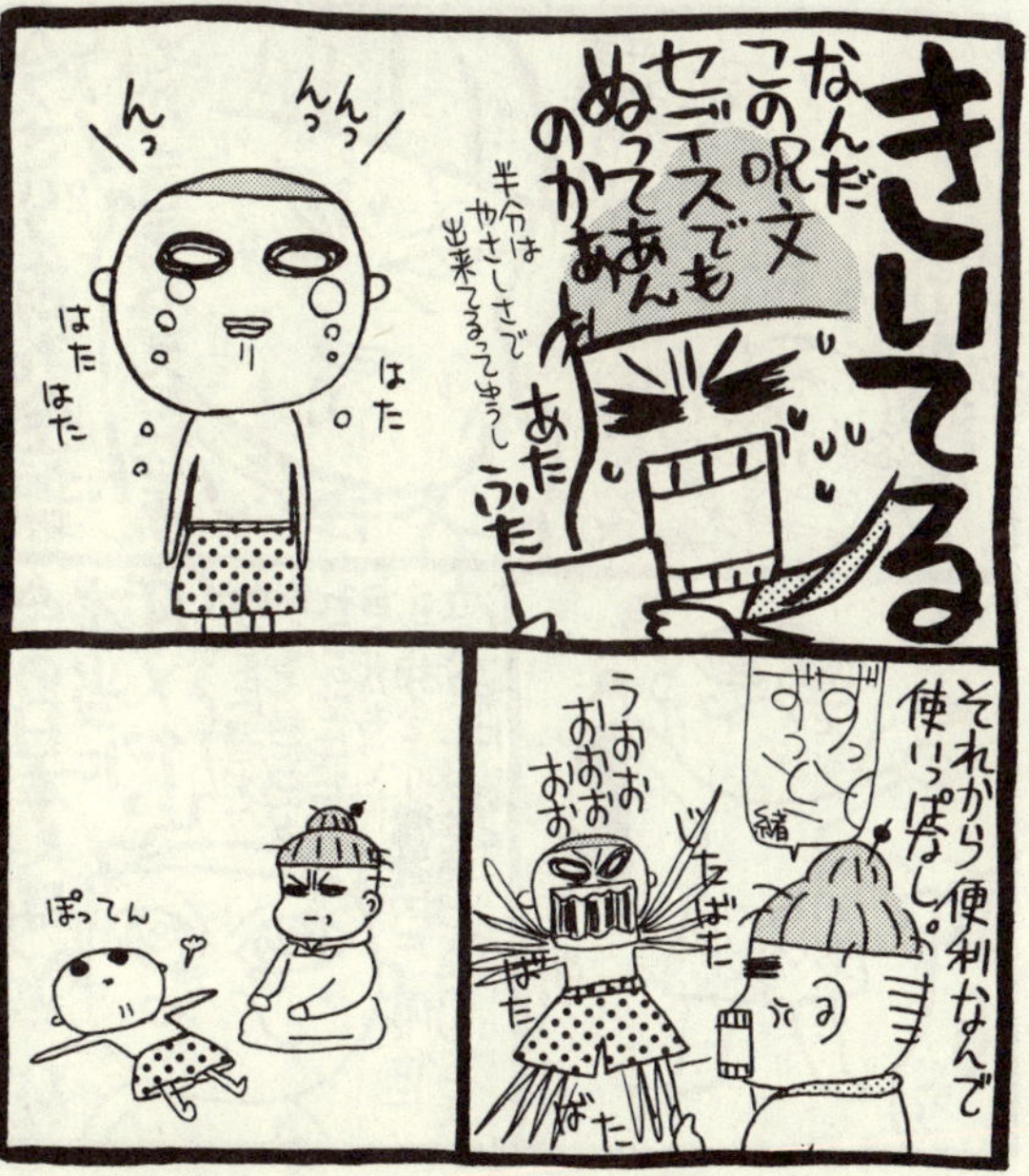

またそこにいるわいるわ……。

ヘタをすると十万人は下らないであろう人々が、駅構内へと吸いこまれている。

タクシーがクラクションをけたたましく鳴らし合っている。

乗降客の群れは構内にもびっしりとつまっていた。

口数の少ない何万人もの人いきれの中に混じって聞く、高い天井に反響してくるざわめきは、耳に手を当てた時に聞えてくる血の流れる音によく似ていた。

長く広い階段を登る大勢の列に入る。

ふと階上を見上げると、いつまでも続いている人々の姿は、大きな生き物のはらわたに詰ったクソのように見えた。

〝ハルピン〟と簡体字で書かれたチケットと掲示板を照合しながら構内をうろつく。

チケットを購入した際、ハルピンまでは十五時間かかると教えてくれた。

寝台車での旅である。

白酒《バイジュウ》のポケットサイズを二本買い、白い蒸気につつまれ

そんなおり先日大ゲンカ
こここんな家出てってやる
やったあ
まってました。
たしかに家からは出てったが家の前にいる。
しかもいつものぷんぷん仮面をつけて
あからさまに弱いのに自分の方が優位であるフリをして、カベから半分出てえばっている。

た熱々の肉まんを三個買った。

　がまん出来ずに一つ食べたら実に美味《おい》しかった。

　半分にさいてみると五香の香りがファッとして来て、肉汁が流れ落ちた。

　白い生地も肉もねっとりと柔らかく、ハフハフと頬張《ほおば》っているうちについ笑みがこぼれてしまう。

　大きなおにぎりほどの肉まんを、結局列車に乗る前に全て食べてしまった。

　出発まで三十分あった。

　ビールを飲みながら人の群

れをながめてみた。

この国へ来て五日しか過ぎていないが、いやな思いをした事など一度もない。

中国の人々はうるさく、あつかましく、わがままだと思っていたが、大声を出す奴にはまだ出会っていない。

物売りのおばさんにぼられもしなかった。

ケンカの一つもする覚悟でやって来たのだが、なんて事はない。

冷え冷えとしたロビーには列車待ちの人々がそのまま座りこんでじっとしている。

女性の声で行く先を告げる放送がしきりと流れていた。

妙に巻き舌を使って「ハルピン……」

としきりに叫んでいる。

そろそろ出発らしい。

ホームへと下りて行くと、各車両の入り口にはカーキ色のぶ厚いコートを身にまとった客室係の女性が白い息をはきながら、気をつけをして立っていた。

車両番号とチケットを照らし合わせて歩いて行く。

二十両はあるだろうか。

長く大きな列車であった。

この寝台車は三等級の客室に分かれていた。

一等寝台と二等。そして椅子だけの客車。

一等は〝軟座〟と書かれていた。

軟らかい、ちゃんとしたベッドなのだろう。

一等の最後尾には食堂車があった。

窓に白いカーテンのかけられたその中では、出発前だというのに全ての席がうまっていた。

一等のチケットは売り切れており、僕は二等寝台を買っている。

二千五百円程の二等のチケットには〝硬座〟と書いてある。

その文字からイメージするだけで、何か恐しさを感じながら車両に乗りこんだ。

車内は片側が細い通路になっており、反対側に三段ベッドが二列ずつ向い合う形になっていた。

乗客達はひしめき合い、ぶつかり合いながら自分のベッドを目指していた。

僕のベッドを見つけ上がりこむ。

〝硬座〟は体育館のマットくらいの固さであった。

純白のシーツが敷いてある。

ベッドの大きさも日本の安いビジネスホテルにあるものとそれ程変りはない。

これなら十五時間の長旅も全く問題ないだろう。

窓ぎわの床にはお湯の入った大きなポットが置かれていた。

二等には食堂車が付いていない。

客はワゴンサービスで売られているカップラーメンを作るのと、お茶を飲む時にその湯を使う。

僕もカップラーメンとビールを買った。

最上段の三段目に眠る人々はまだ上がりたくはないのだろう。列車が出発してもしばらくの間は細い通路をうろついたり、先客が居るにもかかわらず一段目のベッドに腰をかけたりしていた。

横たわっていた僕の足元にも、少年を連れた女性が腰かけている。

座り直して真っ暗闇の車窓を眺めながらビールを飲んだ。

北京は大都市のはずだが、走り出してすぐに街の灯はめっきり少なくなっている。

何も見えなくなった。

2

ビールのせいで小便をしたくてしょうがなかった。

便所へ行くとおばさんが順番を待っていた。

無賃乗車を防ぐためか、ドアは施錠してあった。

しばらくすると客室係の女性が鍵をあけにやって来た。

おばさんは急いでトイレの中へとかけこんだ。

何分待ってもおばさんは出てこない。

振り向くと十人ほどがトイレの順番を待っている。

まだおばさんは出てこない。

今にも小便がもれそうで、貧乏揺すりをしていると内側から鍵が「カチリ」とあく音がした。

「やっと出せる」

そう思い腹筋をゆるめる。

ドアが少しだけ開いた。

おばさんは片目だけ出して外をうかがう。

僕と目が合った。

するとバタンと思い切りドアをしめてしまった。

「なにやってんだこのババア、もらすところだったじゃないか！」

心の中で悪態をつくと、後ろで待っていた女の子も中国語で何やら文句を言った。

それからおばさんがトイレから出て来るのを何分待った事であろうか。
二、三歳の女の子が母親に後ろから抱き上げられて洗面台におしっこをしていた。
僕のガマンも限界に来ていたが、それだけはさすがにマネしたくなかった。

子供が羨《うらや》ましかった。

おばさんが、やっと出て来た。

「何をしてたんだバカ者が！」

そう思い、勢いよくトイレにかけこむ。

すれ違う時おばさんは目をそらした。

鍵をかけチャックを下ろす。

便器を見ると、トイレットペーパーに見え隠れしながら、太い長大な一本がそのままにしてあった。

水を流そうとレバーを何度引いても流れてこない。

水が出ないので、おばさんは困っていたのだった。

今度は僕が困った。

この湯気の立つ物が僕のだと思われてしまう。

すぐ次に待っていたのは若い娘だ。

どうにかしなくては……と思っても紙すらない。

しょうがない、尿の勢いで流し出してやろうと試みる。

目にしみるような臭《にお》いが立ち上って来た。太くて重そうなおばさんのは、ぴくりとも動かなかった。

結局くさい思いをしただけで流れて行ってくれなかった。

トイレを出て、娘の顔を見ないようにして席へともどる。

背後で娘の「アイヤー」という声が聞こえた。

ベッドでふて寝するしかなかった。

出発して一時間を過ぎた頃であろうか、皆食事を摂《と》り始めた。

向いのベッドにあぐらをかいて座っているおじさんを見ると、奥さんが持たせたのか、茹《ゆ》でエビと腸詰め、ピーナッツをかじりながらゆっくりと白酒を飲み始めていた。

あちらこちらからカップラーメンをすする音が響いてくる。

酔いにまかせてさっさと寝てしまおうと、カバンからポケットサイズの白酒を取り出した。

やっぱり臭い。

何度飲んでもこの臭いには馴れない。

羊の乳で出来たチーズか、臭豆腐のような匂い。

北京のおっさん達はこれをよく飲んでいた。

同じ物を飲み食いしたい。ただその想いだけで何度もこれを飲んでいるが、日本では絶対飲《や》る事はないだろう。

三段目に寝る男だろうか、通路側によりかかり、落ち付きなく、出発してからずっと携帯電話で誰かと話をしている。

かたっぱしから友人、知人に電話を掛けまくっているようだ。

おちゃらけたチンピラ風情の若者の袖からは刺青《いれずみ》がちらりと覗いていた。

うるさくてならなかった。

周りの人は気にならないのだろうか。全く自分勝手な男であった。

その男は、急にカップラーメンを手にしたかと思うと、電話で誰かと話したままズルズルとすすり始めた。

「どちらかにしなさい！」

そう言ってやりたかったが、よそ者が口出しする事もなかろうと、僕も勝手に白酒をあおっていた。

列車の「ガタン、ゴトン」という音がいつの間にかやさしく、静かになっていた。

カーテンをめくると、うっすらと見えてくる景色は雪化粧に変っていた。

窓は凍《い》て付き、白く不思議な模様を作り出していた。

子供の頃育った札幌も、真冬になるとバスや市電の窓ガラスは同じようになる。

冷たいのをガマンして手のひらをあててみたり、小銭を使って薄い霜をけずり取り、いたずら書きをして遊んだものだった。
ためしに指先をガラスに押し当ててみる。
あまりに冷く、そのまま指がくっついて離れなくなりそうであった。
なつかしい感触であった。
九時を回った頃だろうか、乗客は一人、また一人とベッドにもぐりこみ始めた。
向いのおじさんも、体をもじもじと動かし横になり、眠りについた。
若い男も一番上に登り、横たわる。
しかし一向に電話をかけるのをやめようとしない。
ヘラヘラと笑っている。
今どうしても話さなければならない事ではないのだろうに。
友達全員に電話をかけ終えたようで、やっと静かになる。
すると今度は何を考えているのか、横になって大声で中国語の歌を歌い出した。
それでも他の乗客は気にならない風で、寝息が静かに聞えて来る。
歌いながらも、何度か奴の電話が鳴る。
ヘラヘラと笑い声が聞えて来る。
電話を切るとすぐさま歌い出す。

眠りたくもなかったので、奴の歌声をずっと聴いていた。

どこかで聴いた事のある歌をくり返し続けていた。

ボブ・マーリィの〝アイ・ショット・ザ・シェリフ〟の中国語版である事が判った。

まさか中国語でそのまま……。

「警官を撃ち殺した」

とはいっていまいが、こんな北の大地でカリブ海の歌を聴けるとは思いもよらなかったのでうれしくなってしまう。

若い男は夜中じゅうずっと歌い続けていた。

そのうちに僕は眠ってしまった。

3

人々が動き出す気配に目が覚めた。

夜が明け始めていた。

はるか遠くに小さな民家がポツリとあるきりで、一面雪に覆われたどこまでも広がる。

る大平原である。人が踏み荒していない、降り積ったままの美しい雪景色であった。

太陽の光に向って成長してしまったため斜めに傾いた防風林がずっと続いている。防寒服で着ぶくれした男が体から湯気を立てながら犬を連れてとぼとぼと歩いている。

何もない白い大地を雪をけちらしながら列車はハルピンへと向っていた。

昨夜窓に出来ていた霜はぶ厚く成長してつららのようにへばりついていた。

十五時間と聞いていたのに十二時間でハルピン駅に到着した。

夜が明けたばかりのハルピン駅は天気予報で言っていた通りの、経験した事のない極寒の地であった。

北京でもそうであったが、ハルピンでも秩序というものを知らないタクシー達は、もうもうと湯気を立てクラクションを鳴らし合い駅前広場へ入ってこようとしている。

並ぼうとしないので前へ進めずもがいていた。

道は凍てつき一面氷で覆われている。

手はかじかみ、髭はすぐにバリバリと凍り、乾燥しきった冷気を鼻から吸いこむと鼻毛が一瞬にしてかたまり、うっかりすると血を流しそうである。

〝的士《ディーシー》〟をつかまえ運転手に北京のホテルでもらったパンフレットに見たホテルの名を告げる。

他の車とぶつかりそうになりながら駅前広場を出るだけでも一苦労であった。

街が湯気に白くかすんでいた。

食堂から、アパートの煙突、車のマフラー、人のはく息。

少しでも暖のある場所は全て真っ白になっていた。

チェックインには時間が早すぎた。

タクシーを待たせて店中真っ白になっているそば屋に入った。

例によってメニューを見ても全くわからないのでおやじがすすっているのを指さして、「同じ物を」とたのんだ。

やって来たのは汁が真っ赤に染った唐がらしまみれのラーメンであった。

塩からくて、唐がらしがききすぎで、脂っこいメンであった。

唐がらしを取り除くと札幌ラーメンに似ている味だろう。

鼻水がたれるのもそのままにして食べつくす。

値段は三元（約五十円）。

お茶で口をゆすいでタクシーに乗り、ホテルへと向った。

大きな河ぞいにあるホテルは満室であった。

「十時に一部屋空くのでそれまでロビーで待っていてくれ」

と言われる。

ひどく寒いだけの街のホテルがなぜ満室だというのだろうか。

聞くと、

「ハルピン郊外で雪まつりが開かれているのです。観光客でいっぱいですから」

——雪まつり。

つまらない事しおって……。

「すばらしいフェスティバルです」

フロントの男は誇らしげにつぶやいた。

ソファーでボーッとしていると、すぐ横でいやに浅黒い女の子二人が楽しそうに話し合っていた。

聞えて来る言葉はどうやらタガログ語らしい。

へー、フィリピン人がなんでこんな所にいるのかな……？

そう思っていると、

「お兄ーさん、ニホン人でしょ？」

と話しかけて来た。

話をする相手が男性ばかりだと、自然と男の話す日本語を憶えてしまうようだ。

「どこから来た？」

「東京だけど……。日本にいた事あるの？」

「ああ、あるよ。私は銚子、この子は名古屋」

「観光で来たの？」

「違うよ。このホテルで夜歌ってんだヨ」

「偉いね。寒くないの？」

「さむーい！　だから外出ない。フィリピン暑いでしょー。ハルピン寒い。だから鼻血出るよ」

以前、タイの女の子からも同じ話を聞いた事がある。

特に鼻を整形した女の子は日本の冬の寒さでもすぐに鼻血が出てしまうのだ、と。

「二人とも出稼ぎだ。二年目よ、もうフィリピン出てから。最初カンボジア、次にシンガポール、日本、そして中国よ」

「へえ、ガンバッてるじゃないか」

「しょうがない。フィリピン、ビンボーよ。男仕事しない、子供育てるの女よ」

「毎晩何時から歌ってるの」

「八時から。よかったら今夜来て」

「ああ。見に行くよ」

「でも、あんた！」

急にすごんで来た。

「ノーセックス・プリーズだからな」

何言い出すんだ、いきなり。

「わたし日本の男にひどい目にあった。あんた、ダーメよ」

「判ってるよ。ショー見に行くだけじゃないか。そんな事考えてないよ！」

ケタケタと可愛らしく笑う彼女達。

「ジョークよ。じゃ、今夜待ってるからな」

そう言うと二人は軽く投げキスをして席を立った。

しかしフィリピン人はどこへ行っても必ずといっていい程いる。

そして客に日本人がいるとわかると決まって〝昴《すばる》〟と〝恋人よ〟を歌い出す。

皆同じような歌声なのもおもしろい。

部屋がやっと空き、手荷物をベッドに放り投げ外出した。

昼近くだというのに猛烈に寒い。

寒さに背中を丸め、全面氷が張っている河へと向った。

少しでも風が吹くと両頬はカミソリを当てられたように痛む。

カメラのバッテリーがあまりの冷気ですぐにだめになってしまう。

冷えきったカメラを懐へと入れ、こごえた手のひらで暖める。

雪の積った土手でソリ遊びをしている人達がいた。

小さなプレハブ小屋から三人の中年男性が突然飛び出して来た。

そのカッコは白ブリーフ一つである。

靴も履いていなかった。

何をやり出すんだ。

近付いて行くと、彼らはおもむろに縄跳びを始めた。

朝着いたハルピン駅の寒暖計はマイナス二十度だった。

中年男三人は「ヘッホ、ヘッホ」とかけ声をかけ合いながらピョンピョンと跳んでいる。

何のために……。

なにかの健康法なのか？

跳ぶ回数を数えてみた。

皆三十回跳んだ。

すると慌てて小屋の中へ入って行き、ブルブルと震える体を丸くしてストーブで暖を取っていた。

ピンク色に染った裸体を見て、絶対マネは出来ないと考える。

寒気《さむけ》を感じてすぐにホテルへ帰る。

温かい湯に体を沈め、長い昼寝をした。

4

夕方目を覚まし、部屋の窓から、いつの間にか降り出した雪に凍える街を見下ろした。

通りをはさんだ先に、長い煙突がいくつもある大きな工場がある。

その煙突からも濃厚な白い、煙とも湯気ともつかないものがモクモクとはき出されている。

モノクロになった街を見ていてすっかり心が萎《な》えてしまった。

ホテルから出るのをやめにした。

高いだけで、ちっとも美味しくない中華料理を食べ、ロビーへと向う。

フィリピン娘二人が歌っていた。

お決まりのカシオのシンセサイザーがうるさく音をたてる中、僕が席に着くとさっそく〝恋人よ〟そして、〝昴〟を歌い出す。

席はほぼ満席であった。

日本円で何万円もするウイスキーを、中国人達は楽しげに飲んでいた。

フィリピン娘に手を振り、部屋へ戻ろうとしてエレベーターに乗ると、若い娘がそっと背後に立っていた。

ふり返ると「ニコッ」と微笑《ほほえ》む。

小柄で細身のその娘はいかにもチャイナドレスが似合いそうで、小猫のようであった。

きれいな英語で話しかけて来た。

「日本人ですか」と。

「ああ、そうだけど」

「部屋へ行っていいですか」

「何で」

「マッサージ、上手です。私、大学生です。でもマッサージ上手です」

「ノー・サンキュー」

「四十分だけです。貧乏学生にアルバイトさせて下さい」

そう言われると何とも弱い。

「いくらなの」

「一万円です」

部屋のある階でエレベーターが止まる。

「やっぱりノーだ」

そう言ってエレベーターを降りると、その娘は音も立てずに僕の後からついて来た。

僕が部屋に入ろうとするのを少しはなれた所から見つめている。

部屋番号を確かめているのだった。

五分後、電話が鳴った。

さっきの娘からだった。

「マッサージだけ。アルバイトさせて下さい。四十分だけ！」

「だからいいって。疲れてないんだから」

さらに五分後……。

「コンコン」

誰かがドアをノックする。

ドアスコープから覗いてみるとあの娘だった。

根負けした。

部屋に入れた。

「何か飲みたい物あったら好きにやっていいから。何がいい？」

「コーク、下さい……」

ニコッと笑うと缶を受け取った。

「英語上手だね、どこで勉強したの」

「シンガポールです。ハルピンに帰って来て大学に入りました。そこでも英語勉強しています」

フィリピン人といい、この娘といい、仕事のためにどこへでも行けるんだから、偉いな、まったく。

「マッサージします」

「だからいいって。タクシー代あげるからそれで家に帰れよ」

「四十分だけです。おねがいします。五千円でいいです。学費ないんです」

殺し文句まで用意しやがって。本当に困った。

「じゃあ四十分だけだよ。マッサージだけだよ、セクシャルなのじゃないからね」

「わかりました」

ベッドに腹ばいになって横たわる。

腰のあたりを指圧してくれるが、少しも上手じゃない。

背中に跨《また》がって来て肩をもみ出した。

ちっとも力が入っていない。

髪が首すじにふれたかと思うと耳にしゃぶりついて来た。

耳元で、

「スペシャル、一万円でどうですか？　とてもいい。気持ちいいです」

「さっきいやだって言ったじゃないか」

「お願いします、アルバイト。コンドーム日本製持ってます。いいですか？　スペシャル」

「だ、だめだって」

と言いながら心がスケベに傾いてしまっている。

様子が変ったのを見逃さなかった彼女は、どこにそんな力があったのか、僕の体をくるりとあお向けにした。

「私、自分で脱ぎます。あなたの私が脱がせてあげます」

そう言うと彼女は勝手にぶ厚いセーターを脱ぎ始めた。

セーターの下には肌色の化繊の長そでシャツを着ていた。

パチパチと静電気がはじける音がした。

シャツも脱ぐと上半身は、何のかざりもない白いブラジャー一つだけとなった。

まだ成長しきっていない胸が小さくふくらんでいる。

もうどうにでもなれ、と思っていた。

彼女がジーンズを脱いだ。

思わずふき出してしまった。

彼女は僕がなぜ笑ったのか理解していなかった。

自分の下半身をしげしげと見回していた。

彼女はジーンズの下に、何と紫色のパッチを穿《は》いていたのだった。

男の部屋にやって来て、パッチはないだろう。

大笑いしたおかげでスケベ心はどこかに吹き飛んでしまった。

「日本人の客は初めてなの？」

「いいえ何人も知ってます」

「いつもそのかっこうなの」

「……はい」

「じゃあね、次に日本人が客についたらね、こうやってごらんよ、いい？」

「ハイ……」

「アイーン。やってみて」

「何……それ。ア、アイーン」

「そう、それ。忘れないでね。アイーンだよ」

「わかりました」

娘は五千円をしっかりと取って帰っていった。

新アジアパ伝

年がいったので何とかせんとと
ぬりぬり
ぬり
いろいろ基礎化粧品きそろえる。
何やってんだてめー

1

ひたすら寒い。

年に一度の〝ハルピン雪まつり〟が、松花江《ソンホワチアン》をはさんだホテルの対岸で開かれている。

そのせいでホテルは満室であった。

そんなもの、見たくもない。

札幌育ちの僕は、興味すら

この化粧品ぷぷぷプラセンタってかいてある
てめっプラセンタってったら胎盤ってことはだなあっ
フィリピーナの涙
ワタシホントはうみたたかたえ
マイベビーサヨナラー
パッポンの真珠

感じない。

町おこしのお祭りなんて、勝手にしやがれ、としか思わない。

寒さに負けるのも、癪《しゃく》にさわってしまうがない。

一番暖かい昼すぎ、と言ってもマイナス十八、九度だろうか。その頃に、のこのこと松花江の凍てついた岸辺へやって来た。ポケットには白酒《バイジュウ》の小ビンを入れておく。

見渡すかぎり真っ白な雪と氷に覆われた冷たい土手に腰を下ろす。

春になればどんな花が咲く

のだろうか。どんな色に変ってしまうのか。

すぐそばで子供達が、釜の中の茹《ゆ》で上ったそばをすくうような竹製のザルに腰かけ、なだらかな傾斜の土手でソリ遊びをしてはしゃいでいる。

カメラバッグに入れておいた、ホテルでもらった小さなハルピンの地図を開いてみる。

中日友好園というのが目についた。その下に小さく英語で、中・日友好公園と書いてある。

「うそつきどもが！」

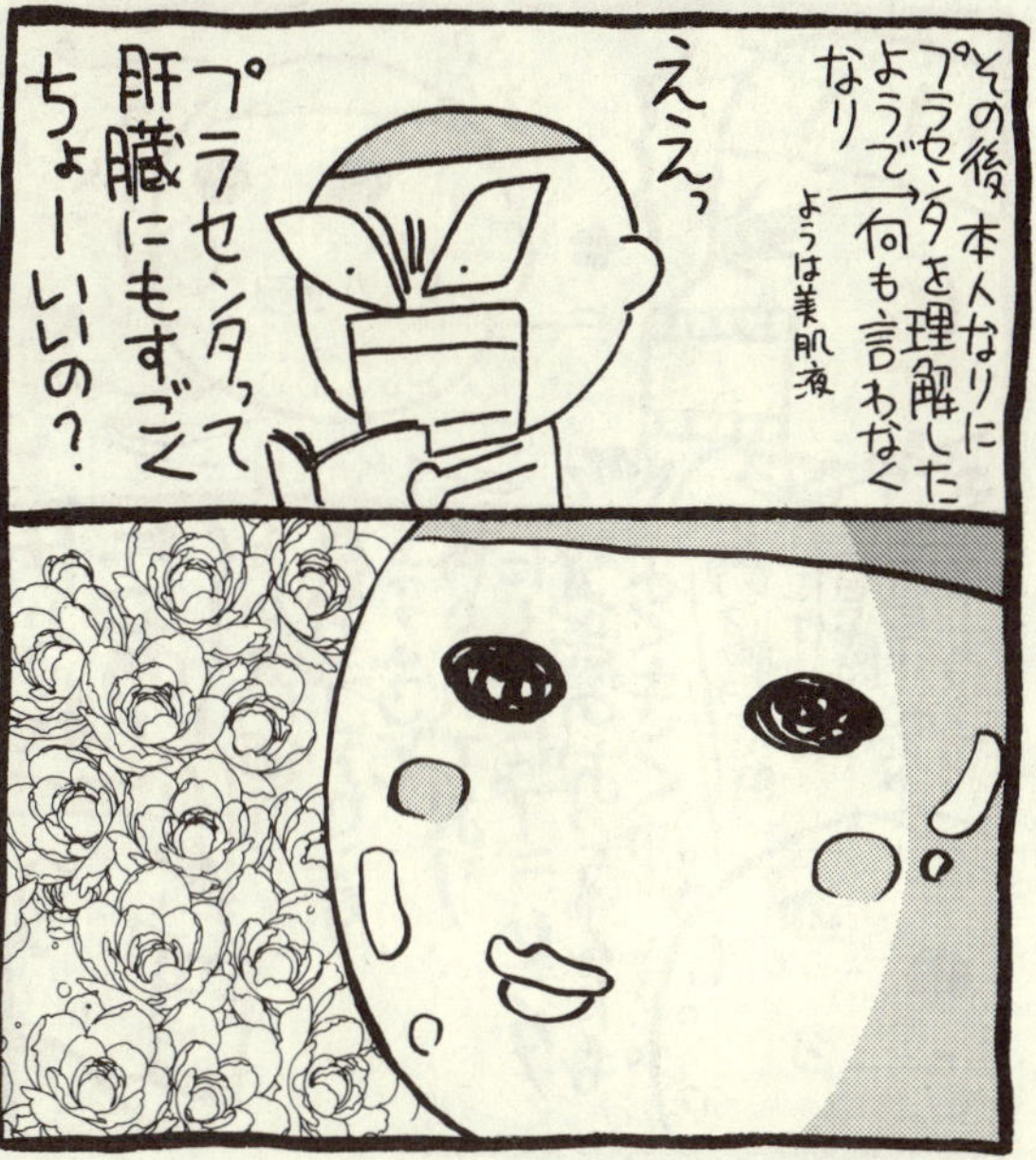
その後 本人なりにプラセンタを理解したようで→何も言わなくなり
ようは美肌液
ええっ
プラセンタって肝臓にもすごくいいの?
ちょー

つい大声で口に出してしまう。

その声におどろいたのか、ソリ遊びをしている子供を見ていた中国人のおっさんが、びっくりして僕を見つめていた。

照れくさくなって、「白酒をどう」と右手に持ってさし出すと、「いらん」と強い言葉で断ってきた。

真っ白く凍てついた河を見つめながら、強いだけで、まるで、おしっこまみれのオムツのようにくさい白酒をひと

ぷる
うる
ぷる
やられたあー！
私の高価な飲むプラセンタまるごとやられており
たしかにプラセンタ38歳のおっちゃんにもよくきく。
ぷる
顔は鴨志田だけど皆感は藤原紀香ってカンジィー

りで飲む。

僕のおやじは、この町のどこかで生まれ、育ったらしい。

確かな話は一度も聞かせてくれなかった。

「どこで生まれたの？」

子供の頃何度か尋ねたことがあった。

「ハルピンだよ」

そう答える日もあれば、

「名もない地でさ」

と言うこともあった。

僕の父は自分が生まれた場所を息子にちゃんと言えない男であった。

僕は父の生まれた土地を知りたいと思い、父が時々口にしていたハルピンへやって来たのだ。

吐く息もすぐに凍ってしまいそうな冷気の中で、河をぼんやりと見つめる。

ちびちびと小ビンの白酒を飲む。

〝ガッ、ガッコーン〟

凍てついた河の氷がぶつかって砕ける音が地面から響いてくる。

いやなことが身に降りかかりそうな音に、身がひきしまる。

身体が冷えきって、手もかじかみ、うまく動かなくなっているのに気付き、「しょうがないな」といいわけを吐いてホテルへと帰った。

熱いシャワーを浴び、暖まった所で母へ電話を入れた。

「今どこにいるの」

「ハルピン」

「あらまあ、寒いでしょ」

「おやじはさあ、この町で生まれたって言ってたよね」

「……たしか、そうかしらね」

「たしかって、よく知らないの？」

「ちょっと待って、奉天《ほうてん》だったかしら……」

「知らないのかよ⁉」

「あれ、大連《だいれん》て言ってたかなあ」

バッシンと電話を切った。

自分のだんなの生まれた土地がよくわからない女って、どんな女なんだ。

どうにも頭にきて、老人ホームにたたきこまれた父へ電話を入れた。

誰にも愛されたことのない父である。

僕もこの血を受け継いでいる、と時おり思う。

くたびれた父が電話に出た。

「よう、ユタカ。ひさしぶりだな。どうした、どこから電話かけてるんだよ」

父の左脳は脳梗塞で真っ黒けである。

「ねえ、おやじの生まれ故郷って、どこなんだっけ？」

ハルピンにいるとは言わないでいた。

「前にも言ったじゃないか、ハルピンだよ」

「実はオレ、今ハルピンにいるんだよ」

「…………」

「もしもし、聞こえる？　ハルピンからだよ！」

「ハルピンじゃなかったかもしれない。えーと、上海《シャンハイ》のフランス租界の入り口の……」

電話をたたき切った。

なんで自分の息子に正直に生まれ育った場所が言えないんだ。

何がそんなに苦しいのだろうか。

脳みそが半分死んでまで、何かをかくす父。

その事に疑問を感じない母。

「わかったよ、上海に行ってやるよ！」

わけもなく大声で叫んだ。

大きな声でも出さなければ涙が出そうだった。

おやじの生まれた地その一のハルピンに、タンを吐いて飛行機へと飛び乗った。

おやじの故郷その二の上海へ、行ってやる。

2

どうして中国には、せっかちな人が多いのか。

一応列をなして並びはするのだが、後からどんどん、人をおいこして行こうとする。

一人ずつゲートをくぐって行けば良いものを、結局余計な時間がかかってしまう。これなら最初から並ばないインド人と同じではないか。

機内でも、狭い通路をわれ先に進んで行こうとするから大混乱が始まる。

頭上のラックにあわてて荷物を入れるので、下に落ちて中身がばらけて大さわぎするおばさん。

足を踏んだ踏まないで喧嘩を始めるおっさん達。大きなカバンにはさまれて泣き叫ぶ子供。

結局こんなことで、出発が四十分も遅れた。

スチュワーデスと目が合うと、照れくさそうに、小さくうつむいた。

「麦酒《ビール》！」

まだ飛んでもいないのに、ビールを持ってこさせる。
それを周りで見ていたおっさん達が一斉に、
「啤酒《ビージュウ》」
の合唱を始めた。
機内を缶ビールを何本も持ったスチュワーデスが小走りに行き来している。
気の毒なことをさせてしまった。
すぐ隣で飲んでいたおやじが、塩茹でした南京豆を僕にわけてくれた。
この国の男達はつまみに南京豆をよくかじっている。
そう言えば父も晩酌の時、必ずピーナツをかじっていた。
そのピーナツを僕達息子にくれたことは一度もなかった。
「これは大人の食べ物だからだめだ！」
と怒鳴り出すのであった。
隣のおっさんはニコニコして、
「どうぞ」
と、さらに南京豆をテーブルにたしてくれる。
口に入れる。

とても美味《おい》しかった。飛行機はようやく滑走路を走り出した。

窓に顔を近づけ景色を眺めていると、三輪オートバイに乗った着ぶくれのおやじが、空港のフェンスのすぐ横の道を真っ白な排気ガスをもうもうと立てながら懸命に飛行機について走っている。

この飛行機に家族でも乗っているのだろうか。大きく手をこちらへ向けて振っていた。

マイナス二十七度の中、三輪バイクを全速力で走らせている。体感温度は一体何度くらいだろうか。

飛行機はどんどんと高度を上げて行き、しばらくしてようやく水平飛行へと変った。

すぐに機内サービスが運ばれて来た。

ボソボソした焼きそば、それ一つきりであった。

前を見るとパイロットがコックピットから客席へやって来て、交代で食事を摂《と》り出した。

乗客には焼きそば一つなのに、奴らの食事ときたら、焼き肉にソーセージ、サラダに漬物、湯気の立つ白飯であった。

平然と食べている。客より乗務員のほうが偉い。

僕は知っている。こういう国は、ワイロで物事が動く国である。

日本もそうなのだけれど……。

乗務員を呪いながら、ちっとも美味しくない焼きそばをほとんど残し、前の座席の背の網袋にはいっていた雑誌を手に取った。

各航空会社で作る、あの味気ない薄っぺらなやつである。

中国人は日本にとても興味を持っているようだ。

どこかのファッション雑誌からそのままぱくって来た写真をいくつも使っている。日本女性の流行を伝えていた。

ぱらぱらとページをめくる。〝美浜〟という文字に目が留った。

福井県の美浜、である。

漢字で書かれてある記事を当てずっぽうに読んで行くと、自然に恵まれたとても良い所。そんな感じの文章であった。

しかしそこに添えられている写真を見て、背筋に寒いものが走った。

美しい日本海に波打ち際の大きな岩。小高い山にかかるロープウェイ。祭りの様子。

それぞれの写真の中に、原子力発電所がはっきりと写されているのであった。

丸屋根の巨大な建物がしっかりと見える。

誰がいつ、何の目的でこんな物を写しに来たのだろうか。

それがどうして飛行機の中の雑誌に掲載されることとなったのか。

僕も少しは写真を撮る。美浜を撮りに来たカメラマンの意図は見てとれた。

〝原子力発電所〟。ズバリ、それである。

飛行機は二時間半で上海に着いた。

札幌から沖縄までの距離である。

自分達だけちゃんとした食事をしていた乗務員ではあったが、ボロボロのジェット機をここまで無事に飛ばして来たのだから内心、「よくやった」とほめてやった。

ゆらゆらとランディングを始めると、機内の中国人達も皆拍手をしていた。

3

浦東《プードン》と呼ばれている原野に最近出来た空港へ、飛行機は着陸した。

そこにはやはり「どうしてよ！」と叫びたくなる程大きな建物があった。

成田空港と同じように、なぜか人を不愉快にさせるような建物であった。

人影のまばらな空港ビルを出てタクシーに乗りこむ。

この街のハイウエイも、今まで見て来た北京や、ハルピンと同じで、交通量は極めて少ない。

道は広くてきれいで、とても立派なのだけれど、その両側にポツリと建っている民家は、どれもみすぼらしく、さみしい気持ちになってしまう。

小さなロバが軒先から顔を出して来そうな、レンガで出来た家の後ろには、やけに大きな工場や、倉庫が現われて来る。

古くからある風景と、アンバランスな近代的な建物。

わずか数年でこの街はどんどん変り、これからもその勢いは止まらないのであろう。

十数年前、バンコクで初めて見た光景と全く同じ匂いを感じた。

人間の〝欲望〟そのものだ。

三十分も走るとやっと原野をぬけ、建物が密集し始め、街らしくなって来た。

田んぼや畑もあり、家も軒先を連ねている。

上海郊外のこの景色は、ベトナムのハノイを思い出させた。

タクシーはさらに市内へと入って行った。

途端に車は先へ進まなくなった。

古い街は必ず渋滞するように出来ている。

一方通行をあっちへ行き、ぐるぐると遠回りしながら今日会う方に予約していただいた、外灘《ワイタン》地区にある古いホテルへとたどり着いた。

外灘地区は、上海といえば必ず映像で目にする地域で、たとえるならば、シンガポールのマーライオン。

ニューヨークのマンハッタンか自由の女神像。

それ程有名なエリアであった。

夕暮れまでにチェックインすることが出来た。

茶色くにごった河をホテルの屋上から眺めてみる。どろりとした泥を多くふくんだ、豊饒《ほうじょう》な河なのだろう。

大きな客船が岸に碇泊《ていはく》している。

その横を笹の葉で作ったみたいな小さな船が、焼玉《やきだま》エンジンののどかな「ポコポコ」という音を立てて、波に揺れながらゆっくりと進んで行く。

カニやエビや、雷魚や草魚、いっぱい棲《す》んでるんだろうな。

自分の好物を思いうかべ河を見つめる。

柵に身を乗り出して河の手前にある歩道を眺めてみた。ひどい人の数であった。ラッシュ時の新宿駅構内のように人々が往来している。

河面から、やさしく甘い匂いがたち上ってくる。

きたならしい煤煙のいがらっぽい風もやって来た。

幼稚園児が割り箸と粘土で作り上げたような、わけのわからないデザインのテレビ塔が対岸にドンとそびえ立っている。見事な高層ビルがいくつもある。

この街を好きになりそうな予感がした。

何でもあり。そういう街である。

部屋へもどり、担当編集者に紹介された人物へ電話を入れた。数少ない旧友の一人だという。

「あっもしもし、カモシダですけれど」

「どうも。ホテルへ着きましたか」

むだ口をきかない人であった。

「忙しいところすみません。あの今日、いかがですか？」

「じゃあ、七時にロビーで」

ガチャリと電話は切れた。

腹の底から声を出す人であった。

ちょっと恐しかった。

七時を少し回った頃、百九十センチに百二十キロはあろうかという日本人が、回転トビラを思い切り回して僕の方へ向って来た。

「カモシダさんですね、やあ、いらっしゃい。どうぞ、車に乗りましょう」

巨大なマトリョーシカがやって来たのか⁉ 一瞬そんな錯覚を覚えた。中には小さな同じ形の人形が幾重にも入っているのではなかろうか。

ぶ厚い人だった。

顔は、フォークボールやナックルをよく投げる投手のボールを受けるために、特別にあつらえた、大きいキャッチャーミットに似ていた。

それも、よく使いこまれているものだ。

長年使って来て、相当にキズはあるが、とてもよく手になじんだキャッチャーミット、そんな感じだった。

初めて会ったのに、顔をくしゃくしゃにくずして、丸い体をいっぱいに開いて、僕の来訪をとても気持ち良く迎え入れてくれた。

人に接する方法を一瞬のうちに教えられた気がした。

こういう男を〝漢《おとこ》〟と呼ぶのかもしれない。

ロビーを出て、タクシーに乗るのかなと思っていると、運転手付きの黒塗りが目の前にスッと停まった。

「どうぞ」と言われ車に乗りこんだ。

「初めまして。キシダです」

言葉はとても少ない。

動きにも、よどみが感じられない。

年齢を教えてくれた。僕より四つ上であった。

上海には十三年前から住み始めたそうだ。

朴訥《ぼくとつ》な口調で教えてくれた。

「今晩、社員の忘年会をやっていますので、よろしければそこで一緒に食事でもと思っています」

「いいんですか、僕なんかが、邪魔して」

「いいですよ、忘年会なのですから」

何だかよくわからないまま、キシダさんの会社の忘年会へと顔を出すことになった。

4

場所は市内からほんの少し離れた商業地にある、上海料理レストランであった。

人気店なのか、満席である。

キシダさんについて、小さな個室へ入って行った。

円卓をかこんで、総勢十一名のスタッフが待ちかまえていた。

その中に、小柄でよく動く目をキラキラとさせた、リスのような可愛い中国女性がいた。

「妻です」、そう僕に紹介しながら、

「酔い始めるとね、これがまた……」

とキシダさんは、そこまで言って口をつぐんでしまった。

次々と料理が運ばれて来る。

「カンペーッ」

飲み会が始まった。

ラグビー部の夏合宿での飲み会のようだった。

ビールも、紹興酒も、白酒も、スコッチも、

「カンペー」

その一言で全て一気飲みである。皆、肴《さかな》もよく食べた。

北京とハルピン。

中国に十日しか滞在していないが、上海料理は段違いに美味《うま》かった。

食材の種類が圧倒的に多い。

海の物。河の物。沼の物。山の物。

テーブルからこぼれ落ちてしまいそうな数の皿をながめ、また少しこの街を好きになる。

大きなキャッチャーミットのキシダさんもほろ酔い機嫌になって来た。

「大学出てすぐにね、まっ、商売うまく行ってたんですよ」

「ほう、それはどんな……」

「悪いこととしてましてね、ほらバブルの頃だったからね」

「悪いこととは？」

「地上げ。そればっかり」

言葉少なに語り始めるキシダさん。

昔を思い出したのか、酒の入った杯を遠くを見つめながらすっと喉に流しこんだ。

キシダさんの会社のスタッフの飲み方もすごかった。

可愛い奥さんも、ゴブゴブと飲み続け、大声で何かを叫んでいた。

意味は全くわからなかったが……。

「おい！　飲め！　飲んで今年のいやなことは忘れろ！　何、もうだめだと！　わかった。私とカンペーだ！　いいか、カンペー！」

そんな感じで飲み続けていた。

若い男が、少し前から顔を真っ赤にしている。

男前であった。

体もがっちりとしている。

でもどこか子供っぽい表情の残る若者が、円卓のちょうど僕の目の前に座って、ゆらゆらとゆれている。

キシダさんが、ニコニコとその青年を見つめていた。

彼は、すぐ横に座る女性の髪をねっとりとなでまわしていた。

女性は、いやがっているようで、いやがっていない。酔っぱらってしまっているのだ。

「やめて」

と青年の手をふり払ってみるものの、彼がしなだれかかってくると、逆らえないでいたのだった。

「あの女の子、結婚しているんですよ、人妻ですよ、フフフッ。あのやろう不倫ですよ、あれは」

キシダさんは愉快そうに微笑《ほほえ》んだ。

小便をしたくて部屋を出ようとする。

青年と、くどかれている人妻のすぐ後ろを通って出て行かなければいけなかった。

青年は、真っ黒いセーターに、黒いピッタリしたジーンズをはいていた。

僕がすぐ後ろを通りすぎようとする時も青年は、人妻にしなだれかかり、彼女の背中に手を回し、耳元で熱く何かをつぶやいていた。

ふとのぞきこむと、黒いジーンズのこんもりともり上った股間を、自分の手でもみしだいているではないか。

女を口説きながら股間をもみしだく。

少なくとも日本でそんなことをしては、ナンパは成功しない。

もちろん上海でも、だめだろう。

皆のいる個室へ戻ってみると、思っていた通り、人妻は僕が今まで座っていたイスでプリプリと怒った顔をしていた。

すぐ横のキシダさんは、何があったのかを彼女から聞いたのか、腹をゆすりながらニコニコと笑っていた。

僕は、半立ちのままの青年の横に腰かけた。

まだあきらめがつかないのか、ジーンズの上からしごいている。

それを見て、何ともいえない表情をうかべた僕を見て、キシダさんはまた、

「ファッファッ」

と腹の底から笑い声を上げた。

「あの男、本当に女が好きなんですよ。ファッファッ」

とつぶやいた。

「ついでにだらしないんです。女一人作りましてね、自分の女房にばれて、別れるっ！て大さわぎになったんですけれどね。ほら、だらしないから女房とも切れなくて、女の所にも顔を出す。で見て下さいよ、今あれですから」

円卓ごしにキシダさんは、大声でそんな事を教えてくれた。

横の青年を盗み見るとやっぱりおさまりがつかないのか、股間をこんもりとさせ、時おり手でしごいている。

その時鼻から、「フーン」ととても熱い息が出て来た。

気持ち悪い。

「カモシダさん場所変えましょうか。忘年会ですから、皆、カラオケだ！　とさわいでいますんで」

キシダさんの奥さんもすっかり酔っていて、小さな体を思い切り動かして、まるでちびっこ相撲をしているように、若いスタッフと体をぶつけ合っては、一気飲みをくり返している。

皆同じようなものだった。

青年にずっとナンパされていた人妻も、

「私もまだまんざらではなかったのね」

そんな顔でほてっている。

少しばかり美人に見えてきたのがなんとも不思議であった。

僕は上海の話を聞きながら、キシダさんとゆっくりと歩いてカラオケ店へやって来たので、皆よりだいぶ遅れてしまった。

キシダ社長と僕が並んでカラオケ屋の個室へ入って行くと、宴会はとっくに始まっていた。

中国の歌を女性社員が上手に歌っている。それに合わせて、見事なブレイクダンスを踊るハゲた男がいた。

「ファッファッ。あいつ、カモシダさんより若いんです。ハゲの中国人のブレイクダンス。これはたいした発見でしょうね。北京原人なみですよね。ファッファッ」

腰をくねくねさせてマイケル・ジャクソンのように、ムーンウォークまでしている。

部屋のすみの暗がりを見ると、またやってやがった。

青年は、時おりおのが物をズボンの上からしごき、人妻をねっとりとくどいている。

彼女はいいかげん、ウンザリしていた。

座を離れようとする彼女。

すると青年は、順番を無視してカラオケに自分の歌をリクエストした。

「彼、何を歌うんですかね、キシダさん」

「いやあ奴のやる事はさっぱりわから……」

キシダさんの言葉を遮るように仁王立ちした青年が歌い出したのは、〝ヨーデル〟であった。

「ヨーロレイイレイイホ、ヨーロレイイレイイホ……」

笑うしかなかった。

青年はヨーデルを歌いながら、人妻に流し目をしきりにおくっていた。

中国の〝一人っ子政策〟はどうやら正しいかもしれない。この国の男どもを野放しにしていると人口は一体どれほどまで増えていたのだろうか。

ふくらんだままの青年の股間を眺めてそう思った。

新アジアパー伝

今日は天気が
良いので
かねてよりの
息子との約束で
いくぜ
仮面ライダー
龍騎ショーを
見に行く。
前座
水森亜土ショー
「♫ちょっとみんな
ノリがわるいなあ
いえーっていってみよ!」
なんでこんな顔の上に
顔かいてるババアに
高い台の上から注意
されなきゃなんねえ
んだよ。一瞬でキレ
るんなさけないわたし
ふと横を見ると
「この妖怪さえいなければ」
と思ったのか
しんぼうの出来ない
現代っ子のお子様が
リューキ
まだー
水森亜土にばんばん
石をなげており…

1

僕が宿泊しているホテルは、正面玄関の黒光りする回転ドアをくぐりぬけるとロビーには、足音を全て消してしまうふかふかの絨毯《じゅうたん》が敷かれ、重そうな木枠で囲われた窓には厚いカーテンがかかっている。

真っ白なシーツがパンと気持ちよく張ってある、古くて

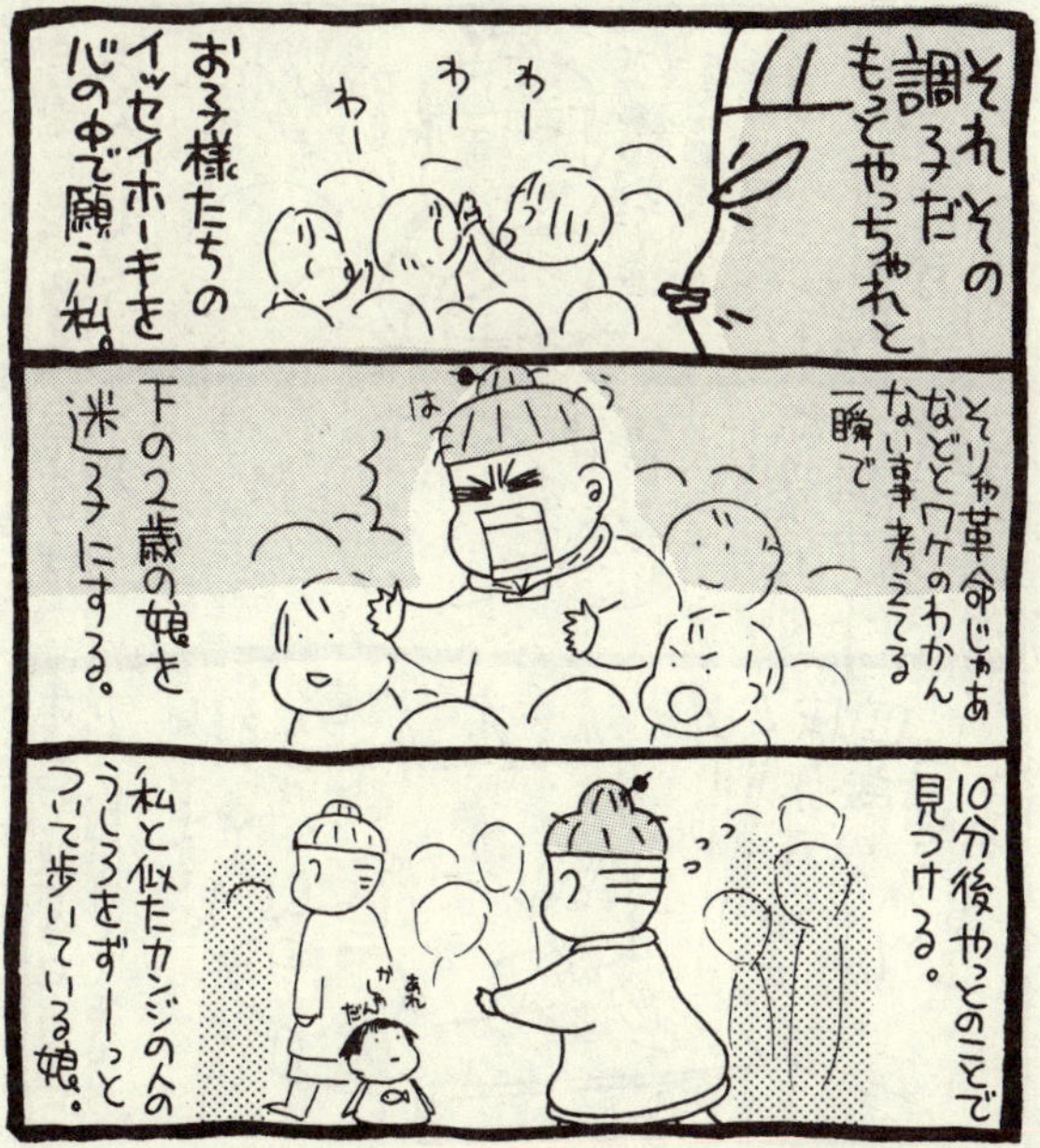
それその調子だもっとやっちゃれと
わー
わー
わー
お子様たちのイッセイホーキを心の中で願う私。
そりゃ革命じゃあなどとワケのわかんない事考えてる一瞬で
う
は
下の2歳の娘を迷子にする。
10分後やっとのことで見つける。
あれ
私と似たカンジの人のうしろをずーっとついて歩いている娘。

品のいいベッドが置かれた部屋。

ぜんまい仕掛けのブリキのロボットのように動くホテルマン達。

どこを取っても申し分のない、歴史を感じる、良いホテルであった。

もともと外灘《ワイタン》地区は歴史があり、ひしめき合って通りを行く中国人を見ないで歩いていると、とてもシャレた街並みである。

石で出来た豪奢《ごうしゃ》で立派なビルはどれも、細部まで本当にオシャレで、つい、うーんと

会場にもどるとあんのじょう
そーだよなフツーいなくなるよな
「ボク絶対ココでまってるから大丈夫」なんて四歳児の言うこと信じちゃイカンよなー
上の息子が迷子になっており
息子は父親ゆずりの
ねーあしたアフリカ行っていいーっ?
ねーマッチで家をつけるとどうなるのー
根拠のない行動力と判断力をもつあほうで
さっさと迷子センターにかけ込み探してもらう。
自分でさがしてるうちにどんどん遠くへいく子なんで
ぼうず頭の四歳の男の子
白いシャツ、青いズボン

うなってしまうレリーフがあったりする。

河沿いに一棟、美しい細長の窓が並ぶ、巨大なアパートがあった。

玄関の大きなガラス張りのドアの両脇に、太い二本の門柱がずっしりとすえ付けられている。

なにげなくその柱を下からたどって見上げると、よく出来た小さな石像がてっぺんにあった。

少年がチンコを握りしめ、ニコニコと微笑《ほほえ》む像であった。

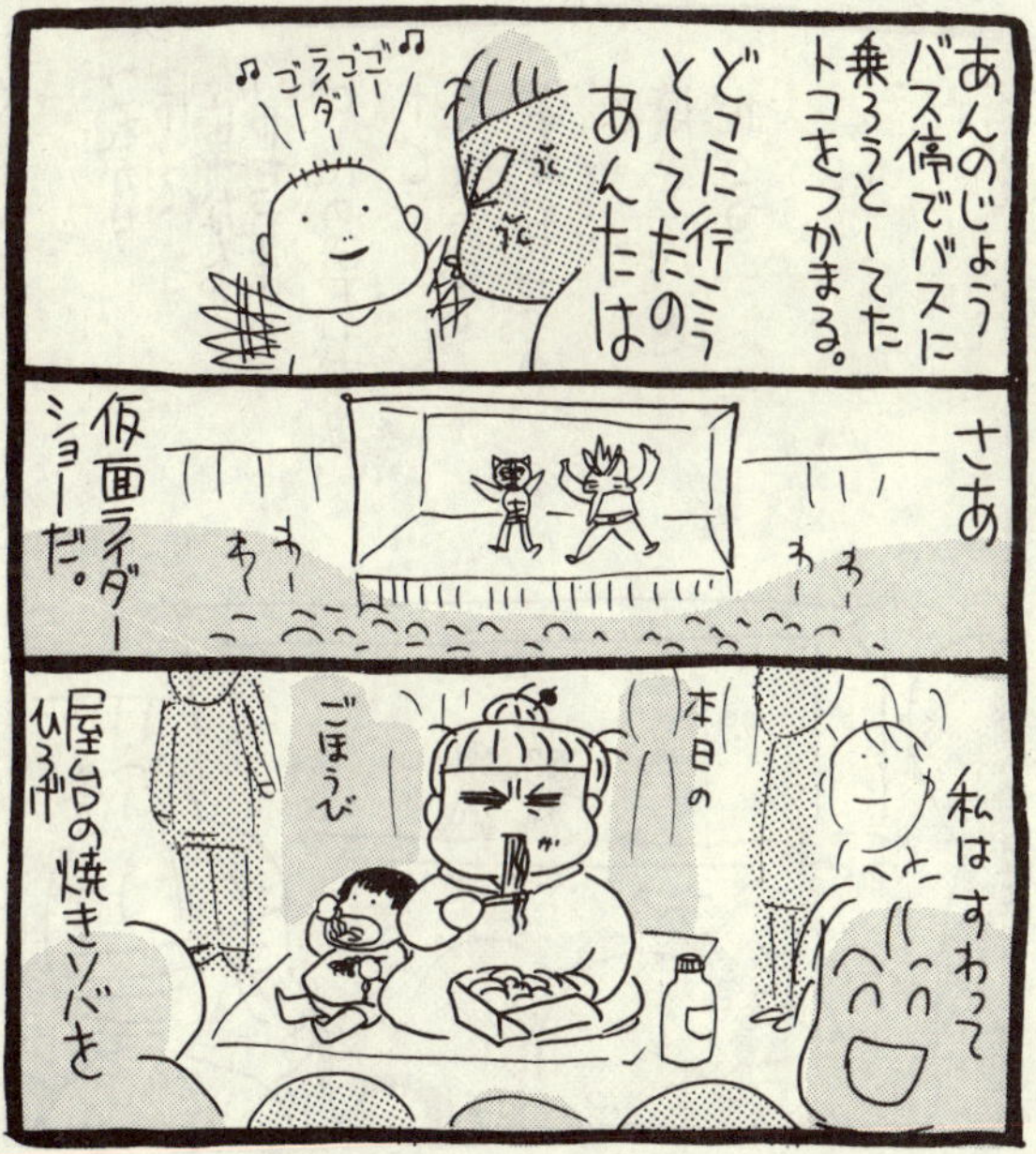

中国のホモ芸術家の作品なのだろうか。
　この街は古いが、しゃれが利《き》いていて楽しい。

2

　部屋の立派なベッドで、いつものように酔いつぶれて寝ている。
　夢の中で犬が土を掘っていた。
　その犬が、走りよって来ては、
　〝ガサガサ……〟
と土を掘る。

これから
帰って
仕事なんか
いやだなあ。
ビールのみたいなあ。
けど
天気よくて
よかったなあ。
と
焼きソバを
たべる。

そんな夢の途中で、ふと目覚めた。

夢で見た犬の、土を掘り返す音が部屋中に響いている。

「何だ、これは」

ベッドに横になりながら注意深く耳をそばだてた。

クローゼットの中から、

〝ガサガサガサ〟

という大きな音が聴こえて来た。

「ネズミか」

ちょっと恐しい。

ベッドからはい下り、ゆっくり静かにクローゼットへしのび足で向った。

「おいやっ」

おもいきり扉を開く。

何もいない。

するとすぐ横からすさまじい音が鳴り始めた。

〝ガサガサ……〟

冷蔵庫の音であった。

モーターの音が一段と大きく鳴っていた。

ホテルの建物も、部屋も古くて立派なのに、冷蔵庫が全てをだいなしにしていた。

眠れぬまま夜明けを迎えた。

体がしびれ、体中の血がにごっているようで重く、頭は宿酔《ふつかよ》いで霞《かすみ》がかかっていた。

「もう少し眠りたい」

そう思っていても、

〝ガサガサ……〟

冷蔵庫のモーターはうなり続ける。

「バカヤロウ」

と怒鳴り声を上げ、服を着替えて外出した。

3

三月の上海の早朝は、まだ肌寒い。

背を丸め人気のない河沿いを歩いて行く。

大気汚染のせいか、灯に浮び上る夜明けまじりの空は、にぶく、どんよりと灰色がかっている。

中国の朝といえば飲茶《ヤムチャ》だ。

とりあえず湯気の立つ、いい匂いを目指し歩き回ってみた。

一向に見当たらない。

ゆらゆらと波にゆれる藻を見た、と思ったら、公園で老人達が、太極拳を大勢でやっていた。

東南アジアの華人街だと、この連中のそばには必ず飲茶をやっている店がある。

周りを見回すけれど、何もない。

公衆便所が一つあるだけだった。

長生きしようと、じいさんばあさん達はゆっくりと手をのばし、片足立ちになり、背をきりりと立て目を開き、真正面を見すえている。まっすぐにのばした手のひらを垂直にして胸を開き、少しずつ斜めに下ろした足のかかとを地面につける。

ラジオ体操よりつらそうな動きだった。

少し先に、小さなバス停があり、やわらかな温かい湯気が、あたりにただよっていた。

数分ごとの、バスがやって来るまでの短い時間に、一人、また一人と店に入っては皆、無言でプラスティックの箸で、小皿に盛られた料理をガツガツと口におさめていた。

竹で出来た大ぶりなセイロからは弱々しく湯気がもれていた。

まだ開店したばかりなのだろう。

店内の丸い大きな時計は五時半を指していた。

品書きを見ても訳がわからず、ましてや活気の感じられない店で朝食を食べる気にもならず、

「きっと他にもあるさ」

そう決めこんで歩き出した。

外灘の河沿いは一ブロックがやたら大きく、見た目よりずっと距離がある。飲茶を食べるためだけに歩くのには長すぎた。

すぐに踵《きびす》をかえし街の内へと向う。

ちょっとした広場では必ず老人達が太極拳をやっていた。しかし、飲茶屋はなく、決まって公衆便所があった。

食べる心配より小便の心配。

老人とはそういう生き物なのだと気付く。

もう少し足を伸ばすと、生ゴミのすえた臭いのその奥に〝麵街〟と書いた横丁があった。

さんざん歩き回って少しばかりは宿酔いもさめた。

ラーメンでも食べようとその中の一軒に入ると、数人のおじいさん達が、油《ユイ》ジャオ(アゲパン)にコーヒーを飲んで世間話をしているのが見えた。

店内はうす暗い蛍光灯に照らされていた。白い壁に、全てプラスティック製の小さなテーブルと椅子《いす》。

まるで病院の霊安室を思わせるような、味気のない店であった。

その中で老人達はごそごそと静かに何かを話し合っている。

セルフサービスの店であった。

しょうがなくわかりもしない品書きを指さし、〝麵〟と書いてある物をたのんだ。

出された物はやはり、ラー油でスープの表面が真っ赤な牛肉麵であった。

クリーム色のプラスティックのトレーに、竹で作られた細いわりばし。ピンク色のプラスティックのどんぶり。

ジージーうるさく音を立てる蛍光灯の下、くねくねとゆれるプラスティックの椅子でラーメンをすする。

化学調味料の味しかしなかった。

ためしに麵をすする。

だらしなくコシのない、いやな臭いが鼻をつく白い麵。

「こんなもんで金取るなよ！」

怒鳴って店を飛び出した。

上海で初めて入った早朝麵屋は、ふさぎこみ、ひねて、ついでにふてくされたいやな店であった。

上海は食べ物が美味《うま》いとよく耳にするが、コイン一つで食べられる店を比べると、東南アジアの華人街の方がよっぽど上である。

庶民が安価で美味しいメシを食えない国。僕は知っている。こういう国は近いうちにほろびる。

日本もそうなのだけれど……。

クツの底をアスファルトにたたきつけると大きな建物に音がこだまする。黄砂《こうさ》のせいか、ほこりっぽい街を歩いていると、ふいに、

「味噌ラーメンが食べたい」

と思う。

ひっきりなしに人々が集まっている店があった。〝肉まん〟屋であった。

大した日数を中国で費したわけではないが、どこへ行ってもこの〝肉まん〟は、日本にある物よりよっぽど美味しかった。

時おり中身のブタ肉が、昔なつかしい残飯くさい肉であったりしたが、それでもやはり、美味であった。

肉まんを二個買う。

近所のコンビニでビールを二本。

今夜、キシダ氏に会おうと決め、朝ビールとつまみに肉まんを食い、二度寝した。

冷蔵庫はあい変らず〝ガサガサ〟となっていた。

4

昼過ぎに目覚める。

河の下に外灘から浦東《プードン》まで通る小さな隧道《ずいどう》があると聞いていた。

部屋にいてもベッドで寝ころぶばかりである。

再び散歩に出た。

丁度休日という事もあって、河沿いの遊歩道は人であふれかえっている。

家族づれ、老夫婦、恋人達。

やわらかな日ざしを楽しむかのように皆ゆっくりと歩いていた。

上海の恋人達は大胆であった。

いくつもあるベンチに体をよせ合い、手を強く握り合いながら、一言も喋《しゃべ》る事なくきつく抱き合っていた。

通行人の目を気にしている者など誰もいない。

初もうでみたいな混雑ぶりだというのに、目をかたく閉じたまま、二人の世界を楽しんでいる。

人ごみをかきわけて進むと、何人もの写真屋がカメラをぶら下げて客待ちをしていた。

今まで撮って来た写真の見本を額縁に入れ、小さなフイルムボックスに立てかけていた。

孫を抱く老人、若夫婦、女学生。

皆楽しそうに笑っていた。

一番大きく引きのばされた写真は自分達の自信作なのだろうか。

どのカメラマンも大きい写真を中心に置いている。

遠くを眺めると、大きな船が碇泊していた。

国際航路の船だろうか、小さく見える人が次々と船に乗りこんでいた。

いやな形のテレビ塔がある浦東までの隧道の入り口は、すぐに見つかった。

十人も乗ればせまく感じてしまう小さなケーブルカーに乗って行く。

走り出すとトンネル内の壁がチカチカと光り出した。

小さなフラッシュの玉が並んで、いろいろな絵を描いていた。

魚が浮び上がりゆらゆらと動いている。しばらくすると今度は何色ものレーザー光が行き来し始める。

同乗した子供が手をたたいて喜んでいた。大人達もくい入るように光の乱舞を見つめている。

何のつもりなのか、わからない。

楽しくも何ともない。

目が悪くなりやしないか、心配でならなかった。

テレビ塔の真下までやって来た。

まだ建築途中のビルがいくつもあった。

昭和の終り頃の東京湾埋め立て地のようなエリアである。

寒々しい場所。早々に引き上げた。

もう二度と来ることはないだろう。

外灘のホテルにもどり、屋上のテラスでサンドイッチとビールを注文した。

ちゃんとしたサンドイッチに、よく冷えたビール。

自分はいまどこにいるのだろうかと、わからなくなってしまう。

しかし顔を上げると、対岸の大きな空地には骨組みだけの巨大なビルがいくつもあり、すぐ横のビルの屋上には、大きな真紅の国旗が風にはためいている。

おいしいサンドイッチを食べながら、完成間近なビル群と、真っ赤な旗を順番に見やる。

なんだか、腕ずもうに負けたような気分になった。

5

夜七時ちょうどにキシダさんはホテルへやって来た。

前夜と同じように大きく笑いながらやって来た。

「休日ですから、運転手休ませました」

そう言うと乗って来たタクシーの運転手に、上海語で行く先を告げた。

「今日は、どこを見て来ましたか」

浦東まで隧道を使って行った事、味気ない街並みにあきてすぐ帰って来た事を話した。

「ああ、テレビ塔ね。バカらしいですよね、アレ」

そう言いながらファッファアッと笑うキシダさん。

密集する住宅事情からか、市街地を走る幹線道路はところどころ高架になっている。

ビルの上に掲げられた大きな看板が目と同じ高さになる事がある。

「あれ見てください」

キシダさんが指さす方向に日本の家電メーカーの宣伝ボードが輝やいていた。

「うちの会社ね、あそこのノベルティーグッズ作ってましてね、これはなかなかうまく行ってるんですヨ」

「ほう」

「今、上海には、邦人が五万人以上生活しています。もっぱら大企業の社員とその家族です。私のように個人で会社おこしている人間はごくまれなんですけれど、見てくださいこの街。数年前までは大きなビルなんて数える程しかなかったんです。今じゃ巨大ビル群ですヨ、チャンスはいっぱいあります」

タクシーは住宅街へと入って行った。

大きなマンションの門の前で停まった。

「今日はうちで食事なんですけれど、いいですか。家内がもう用意して待っていますので……」

そこまで言われて断れるはずもない。申し訳なかった。

年下の僕に金を使わせたくなかったのだろう。

昨晩大声を上げて、酒を一気飲みし続けていた小柄な奥さんは、エプロン姿で僕を迎えてくれた。

おいしそうな匂いが部屋中に立ちこめている。

居間の奥で小さな男の子が、じーっとテレビを観ていた。

「ほらこんばんは、は？」

キシダさんはニコニコとその子に話しかけた。

「息子です。六歳になります。こう見えても一応バイリンガルなんですヨ」

「こんばんは」

はっきりとした日本語で挨拶をした。

照れくさかったのか、どたどたと体をゆらしながら奥さんにまとわり付いて行った。

おかあさんに話す言葉は上海語のようだ。

「こいつ女房に甘える時と、都合の悪い時ばかりは上海語使うんですヨ」

そう話すキシダさんの顔は、やさしくゆるみきっている。

その子は六歳にしてはえらく体が大きかった。キシダさんとまるで同じ体つきである。

マトリョーシカの中身であった。

「ま、どうぞお座り下さい」

テーブルにつくと、すぐにビールがはこばれて来た。

五人家族だ。

奥さんのおねえさんと父親、キシダさん夫婦とその息子。

楽しそうな家庭であった。

奥さんがてきぱきと料理作りをしている。

テーブルいっぱいに皿が並んだ。

ハンバーグに白身魚のフライ、芽キャベツをいためたもの……。

どれを取っても美味しかった。

外食に飽きていた僕にとって、ひさしぶりの御馳走。

息子もキシダさんと同じくらいよく食べた。

奥の部屋から奥さんのお父さんが、静かに音も立てずやって来た。

遠慮してか、同じテーブルには座らずソファーにあさく腰かけ、一人無口にビールを飲んでいる。

挨拶しようと立ち上がると、少しだけ僕に向き直り、小さく頭を下げ、またビールを飲み、テレビをじっと見つめていた。

料理が一段落したのか、奥さんもエプロンをはずし、一緒にビールを飲み始めた。

「父は無口なんです。以前は教師をしていました。文革前まででですけれどね」

「そう言えば、キシダさんと奥さんはどこで出会ったんですか」

「友人の紹介でね。彼の行きつけだった六本木の店で彼女が働いていたんです。それでまあ私の方が、ファッファァッファァッ」

笑ってごまかすキシダさん。

「丁度その頃、色々とありましてね。ベロベロに酔って車運転してたら電柱に思いっ切りぶつけちゃってね。私ほら、態度悪いでしょ。交通警察へつれて行かれてそのまま一晩泊らされてね、おまけに告訴までくらって。そんな奴、他にいるのかなあ、飲酒運転でそこまで重い罪になった奴なんて。それで翌日五億の商談があったんだけど、それもパア」

「五億か、小便ちびるどころじゃないですヨね」

「そう。そんな事続いちゃって、もう日本いいやって思ってね、こっちに来たんですヨ」

ビールはいつの間にか焼酎に変っている。今度は奥さんにも質問してみる。

「日本人と結婚するって家族に話した時は、どうだったんですか」

「……最初はねえ、父がいやがったんですよ。許しませんと言われました。彼が上海にやって来た時も、父は会いたがらなかったんです」

「それが、どうやって上手くいったのですか」

「父と会う時、彼、ズボンの後ろポケットに文庫本をつっこんでいたの。それが父に挨拶した時にポロリと落ちたんです。そしたら父は、ああこの日本人、本を読む人なんだって。たったそれだけで考えが変ったみたいなの」

キシダさんは恥ずかしそうにうつむいている。

「孫の顔も見られたし、父も今は何も言わないわ」

ファッファッファッ。

腹をゆすってキシダさんが笑い出した。

「ところで文革前は、お父さんは教師だったと言ってましたよね」

「ええ」

「いやな時代でしたか」

「やっぱりいろいろとね。ですから毛沢東ではなく、孫文は不思議といまだに人気があるんですヨ、私も大好きです」

テーブルのたくさんのおかずをながめて、再度奥さんに質問してみた。

「今までで一番の御馳走って、何だったですか」

一瞬の迷いもなく、

「焼きまんじゅうとアイスクリーム！」

と大声を上げた。

「それこそ文革の時代です。私はバイオリンを習っていたんです。芸術をやっているだけで白い目で見られていた時代ですヨ。ある日練習が終った時に、先生が『本当に上手になりましたね』って、帰り道に焼きまんじゅうとアイスクリームを御馳走して下さったのです。あの時代にですヨ！　先生も必死だったと思います。楽器なんて平気で焼かれる頃にですヨ。うれしかった。美味しかった。ところであなたはどうですか」

逆に聞かれた。

部活の後の学割ラーメンとは、恥ずかしくて言えなかった。

息子が上海語でぐずり始めた。

レンタルビデオ屋に行くといってきかないらしい。

〝クレヨンしんちゃん〟が見たいとすねている。

日本人の多い海外の街には、必ずレンタルビデオ屋がある。

バンコクもそうだった。

プロ野球中継だって二日遅れで見る事が出来た。

奥さんが席を立ち、子供の手を引いて出かけて行った。

「ところでカモシダさん、今日これからどうしますか」

「どう、って言われても……」

「カラオケでも行ってみます？」

「娘のいる所ですか」

「ファッファッ、その通り。じゃあカミさん帰って来たら出かけましょうか」

十分もしない内に奥さんは帰って来た。

「ちょっと、ホテルまでお見送りするから」

そう言うとサッと立ち上がるキシダさん。

挨拶もそこそこにキシダさんの後を追った。

立って気付いた。長旅の疲れからか、思い切り酔っていた。

タクシーの中、キシダさんは元気いっぱいであった。

「カモシダさんは東南アジア、色々と行ってるんですよね」

「ハ、ハイ」

返事をするのもやっとである。

「何か変った商売知らないですか？」

酔った頭で必死になって考えた。

一つ思い出した。

「ベトナムでですね、使用済みパンティーを一人で作っている人を知っていますけれど……」

ギンとキシダさんの瞳が輝いた。

猛禽《もうきん》類の目になる。

「あっそれ、頂きます。それはいい」

「そんなものがですか」

「ええ、スケベはいい商いになりますヨ。以前ね、地上げの他に大人のおもちゃを扱ってたからわかります、スケベはね、いい商売なんですヨ」

いろいろな事をして来た人なんだ。

他には何をして来たのだろう。知りたい。

「いやあ、そのパンティー、即金で買いましょう。すぐさまベトナムへ飛んで下さい。それはいい話だ」

ひとり勝手にうんうんとうなずくキシダさん。

「そんな急に言われても、知っているというだけで、もしかしたらその人もうベトナムにいないかもしれないし……」

「とりあえず、カラオケで前祝いといきますか、ね」

酔っているとは口がさけても言えない。

上海で一番お世話になった方である。

店に着くとすぐトイレにかけこみ、頭から水を浴びた。

鏡を見つめながら、

「ヨッシャーッ」

と相撲取りのように両頰をパシリとたたき、個室で待つキシダさんのもとへと向った。

女の子が二人。

ウイスキーのボトルが一本。

キシダさんは中央に座りニコニコと待ちかまえていた。

「さあ、カンパイだ」

やっぱりストレート。

娘達もグビグビと何度もおかわりをする。

意識がなくなったのは何杯目だろうか。

気が付くと便座を枕にして眠っていた。

誰かが背中をさすってくれていた。

個室に呼ばれていた娘であった。

「ダイジョウブカ、アンタ！」

ふり返るとニッコリと笑って来た。

「アンタ、ヨッパライネエ、ダメヨチンチン、ゼーンゼンダメ」

えっ、何、ちんちんだと。

「俺、なっ、何かしようとしたの……」

「忘レタ、ダメヨアンタ。ホテル、カエリナサイヨ」

真っすぐ歩けなかった。

キシダさんは部屋の中央で全く変らぬ姿で酒を飲んでいた。

「今日は帰りましょうか、ねっ」

ほんの数十分の記憶がまるでなかった。

タクシーのシートにもたれていると、隣にさっきの娘が服を着替えてちょこんと座っている。

「な、なんだよ、一緒にこいなんて言ってないぞ」

「大丈夫、ホテルマデ送レッテ言ワレタカラ」

「そ、そうか……。何も出来ねエぞ」

「ワタシシッテル、アンタモウダメ。寝ルダケヨ」

車窓をながめていると街の灯りはほとんど消えていた。

オレンジ色ににぶく街灯が光るばかりである。

「おい、今何時だよ」

「ニジハン。オソイネー」

ホテルのロビーにやっと着いた。
娘に支えられながら部屋へところがりこむ。
安心したせいか、上と下から一気にこみ上げて来て、トイレから出られなくなる。
どうにかはい出しベッドに横になった。
娘が股間をまさぐってくる。
「だめだって、出来ないんだから、帰ってくれ、一万円あげるから」
「ア、ソウネ、イチマンエンOKヨ、コレアゲルネ」
枕元にコンドームを置いて、娘は部屋から出て行った。
一個一万円のコンドーム。
なるほどスケベは金になる。
キシダさんは正しかった。

新アジアパー伝
「テレ東の愛の貧乏大作戦」に
鴨が出演して
えらい小説家の先生に
文章の基本から
たたき込まれる。
とゆうのをまんがに
かいたら
テレ東から
「やりませんか」と
本当に声が
かかり
あせる鴨。
やっぱそのバヤイの
えらい先生て
伊の字のつく人かしら。
私は演れます
二人の子供を
かかえなさけない夫を
涙ながらにののしる妻を

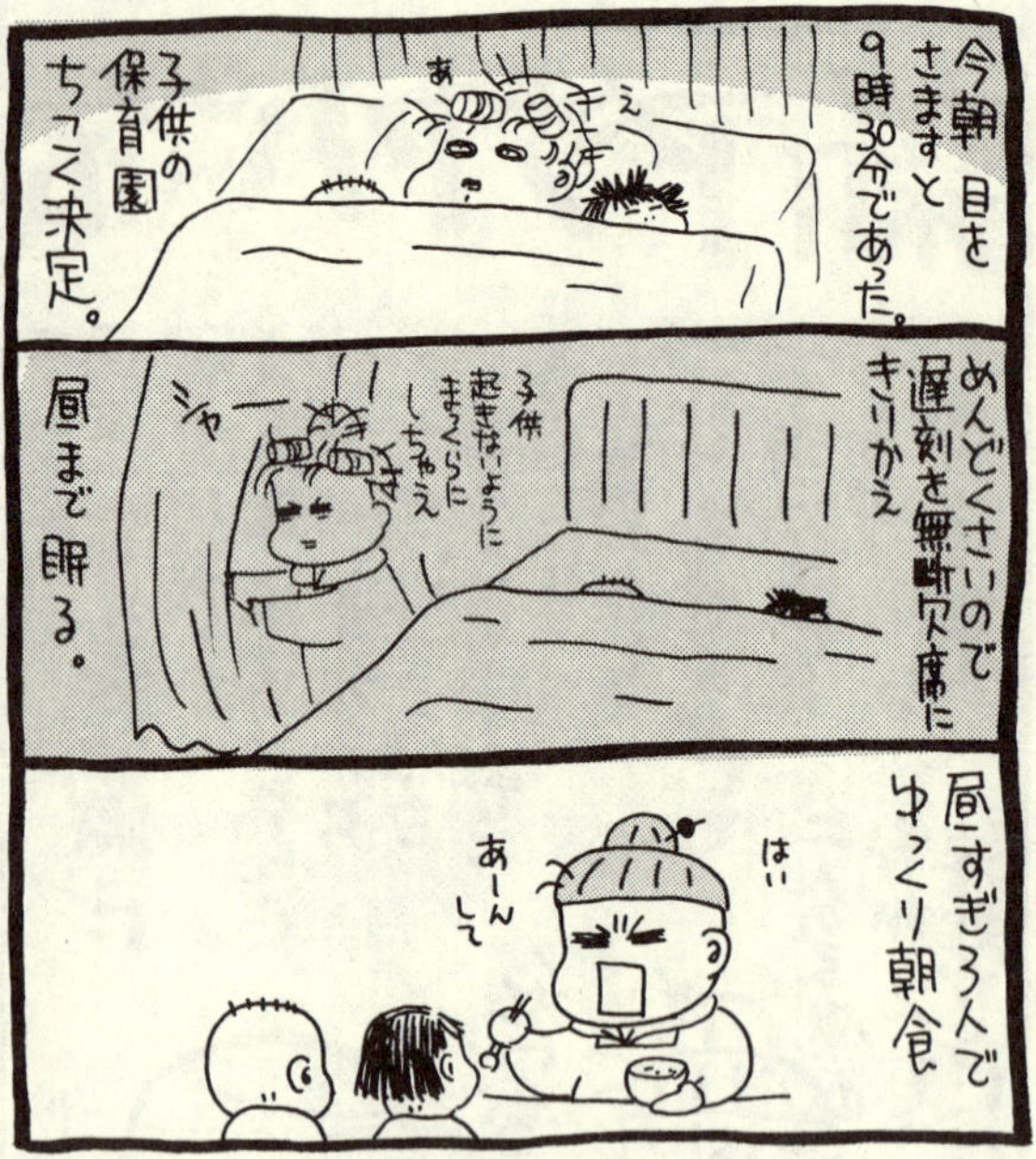
今朝 目を
さますと
9時30分であった。
あ
え
子供の
保育園
ちっこく決定。
めんどくさいので
遅刻を無断欠席に
きりかえ
子供
起きないように
まっくらに
しちゃえ
シャー
昼まで眠る。
昼すぎ3人で
ゆっくり朝食
はい
あーん
して

1

外灘《ワイタン》の古ぼけた街を歩いていて、ふらりと一軒の大きなホテルへと入ってみた。

気をつけて、目をこらしながら歩かなければならないほどに、ロビーは薄暗かった。

フロントを抜けて行く。重そうに黒光りする鉄柵で、しっかりと扉を閉められた裏口の左側には、ちょっとしたビ

ア・ホールを思わせるような、天井の高い古ぼけたバーがあった。

バーの入り口では小さなデスクを前に、赤い蝶ネクタイをした受付嬢が横柄な目つきで、それでも背すじだけはピンとのばし客待ちをしている。

中へ入り、ピアノやドラムなどの楽器が並べられている舞台の前のテーブルに座ろうとすると、

「ここは予約席です」

とウエイターがやって来て、小声で告げた。

舞台に近いテーブルの上には全て白い紙が置かれ、〝予約〟と書かれてあった。

「全部予約されてんの？」

「はい。団体様の予約でございます」

観光旅行のルートの一つに組みこまれているようであった。

すっかり白けて店を出ようかと一瞬迷ったが、ひとりぼっちの部屋で酒を飲むよりはよかろうと、カウンターへ腰を下ろした。

客はまだ数人しかいない。

長い間毎日布で磨きこまれ

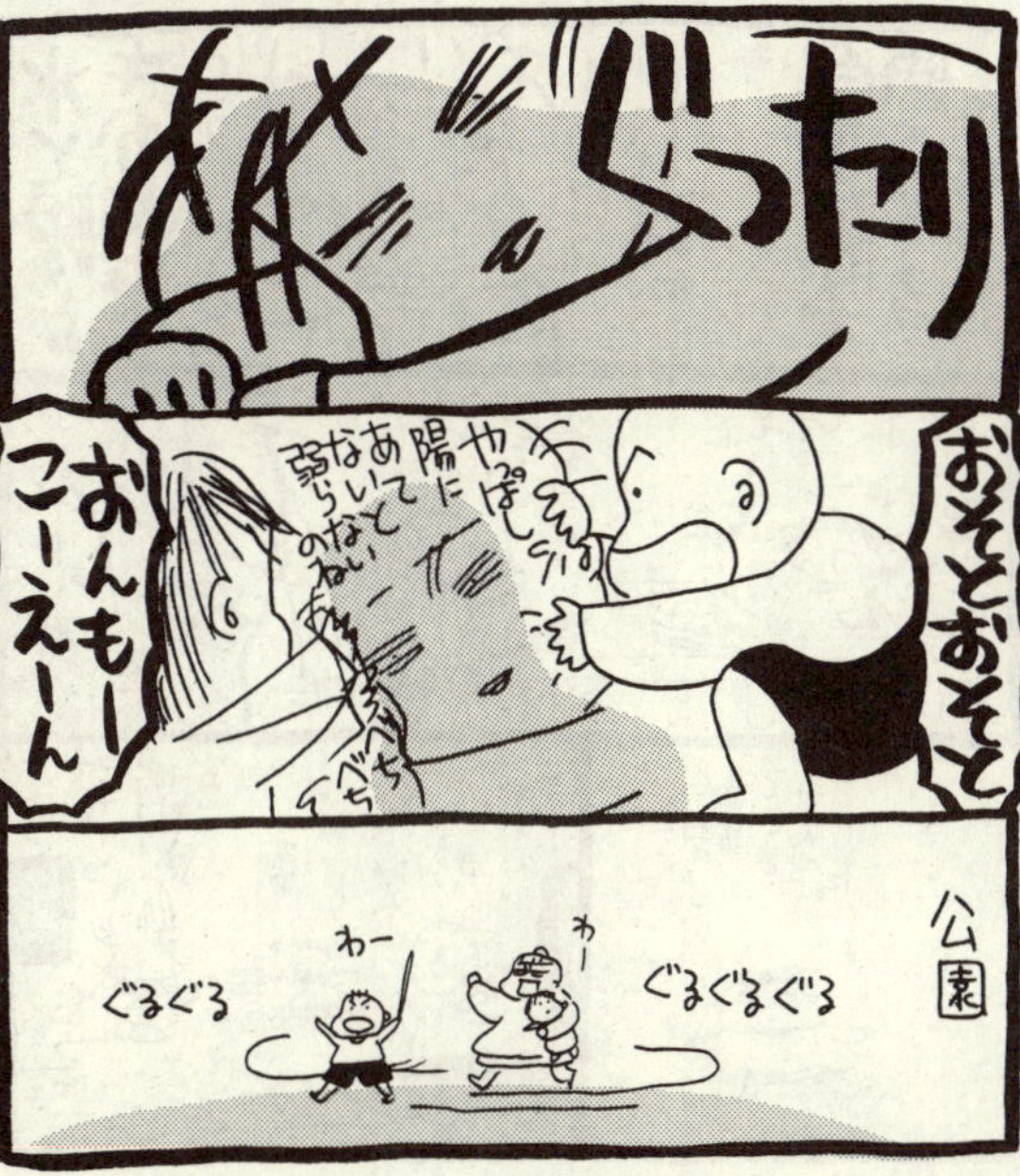

て来たにちがいない褐色のカウンターは、ひじが吸い付いてしまいそうであった。

予約を入れていない客が一人、二人と現われては、僕のいるカウンターか、全く舞台が見えない奥のテーブルへとおしやられて行く。

このバーは、上海が占領下のときからあったジャズバンドが演奏するので有名な店であったのだ。ホテルのパンフレットに大きく載っていた店だった。

演奏者は皆老人となり、またそれをウリにしているので

ある。

　ガイドに連れられて団体客がぞろぞろとやって来る。

　世界中から来た、健康的な笑い声を上げている観光客を尻目に、一人ウイスキーをあおっていた。

　日本人の若者が一人、すぐ横の席に座った。

　チラリとこちらを見て、

「オレンジ・ジュース」

　とウエイターに注文するのが聞えて来た。

　僕に話しかけようかどうしようか迷っているのが、ありありと伝わってくる。

そのうち僕がふかしているタバコの煙がうとましかったのか、席をずらし遠ざかっていった。

それでもまだもじもじとしている。

彼は内ポケットから小さなカメラを出すと、あきらめたような顔でレンズを自分に向け、背後に舞台がうつるようにして片手でシャッターを切った。ストロボが光って一瞬彼の顔が真っ白になる。

何もしないでつっ立っているウエイターが彼の目の前にいる。すぐ横には同じ言葉を使える人間もいた。なのにたのめないのだった。

よくのりがきいたシャツから出た顔は色白で、柔かそうな頰は、カウンターに反射した光にうぶ毛が白く光っている。

所在なげにオレンジ・ジュースを一口すすると、もう一度自分に向けてシャッターを切った。

2

いつの間にかバーはほぼ満席になっている。

ネクタイをしめた老人達が、おのおの楽器の前に座る。

一斉に客席から大きな拍手がわきおこった。

それに対してメンバー達は微笑《ほほえ》み、頭をペコリと下げる。

〝老人バンド〟と言うだけあって、なまはんかな年寄り達ではなかった。

全員の姿が、

「もしかすると今日この場かぎりで見おさめか……」

そう思わせるほどの高齢者ばかりである。

演奏される曲目も古いものが多く、カウンターのすみを見るとヤニで茶色くなった紙きれが置いてあり、二十数曲のタイトルが書かれていた。

一番下に、

「リクエストをどうぞ」

と書いてあるが、老人達は毎日、くる日もくる日も同じ演奏をしているのだろう。

曲はたしかにジャズであったが、演奏は、どうしてこんな味付けをしてしまったのか、遠くにアジアの田んぼが見えてくるようなどんちゃん騒ぎで、小麦畑も綿花の白も、見渡すかぎりの地平線も思い浮ぶ事はない。

しまいには部屋のすみから安来節《やすぎぶし》を踊る男が突然現われるのでは、とはらはらしてしまった。

あまりにも強引なアレンジの仕方に、雑技団の芸を見守るような驚きがあった。

しかしフロアーは、楽しげに踊る人々でいっぱいであった。

何故この演奏で踊る事が出来るのか理解出来ない。

楽しまなくては時間がもったいないとでも思っているのだろうか……。

つまらん。そう思い席を立とうとすると、中国人の家族がゆっくりと店の中へ入って来た。

中年の夫婦が、もうしっかりと歩く事の出来なくなった老婆の両わきをささえながら、バンドが見えづらい奥のテーブル席に座った。

息子とおぼしき中年男は、出来るだけよく見えるようにと、椅子に座ったままの老婆を椅子ごと軽々とかかえ、踊っている人々を無視してフロアーのほぼ中央にそっと置いた。

老婆の体はもうすっかり小さく萎《しぼ》んでしまっている。

出来るだけ着かざって来たのだろう、紫色のシルクのドレスを着、黒いズボンをはいていた。

白髪には白い牡《ぼ》丹《たん》のような花の髪留めがしてあった。

る。

足元を見ると、小さくなった体にもまして、小ぶりな足がぶらりと投げ出されていてん足をされていたのだろう。

〝老人バンド〟を見つめて調子はずれに手をたたいている。

不自由になった体をリズムに合わせゆらしている。

うれしくてたまらないのか、背中は興奮にふるえているようで、少女のように見える。

微笑む瞳には涙をいっぱいにため、一瞬たりともメンバーの動きを見逃すまいと、まばたき一つしないでいた。

息子夫婦は椅子に座ろうとはせず、老婆を気づかいながら、はさむように両わきにずっと立ったままであった。

時おり老婆の様子をうかがい、安堵するような顔で大きく深呼吸している。

薄暗い店内で、踊りを楽しむ観光客の中、この家族が一番幸せに見えた。

カクテルライトに照らされる老人バンドの前には、何人もの観光客がやって来て、写真を撮ったり、ビデオカメラをまわしていた。

すると、一人の中国人の老人が、曲の合間にぶらりとあらわれ、メンバー全員に丁寧に頭を下げながらサインをもらっていた。

わざわざ色紙を持って来たのだろう。全員からサインをもらうと、無邪気に笑い、色紙をじっと見つめていた。

紅衛兵と呼ばれた子供達におさえつけられた文化大革命の時代、上海のこのバンドは一度も演奏する事が出来なかった。

年老いたメンバーも、彼らと同世代のここへやって来た老人達も、共通の想いがあるに違いない。

なくした時を取りもどしたくて、思い出に餓《う》えているのか。

老人バンドは、遠い昔と全く変る事なく演奏し続けて行くのだろう。

この人達の世代が絶えるまで、あとしばらくは……。

「なんやけったいな曲やなあ」

近くの席から日本語が響いて来たので、何気なくそちらを見ると、自分の娘ほどに若い上海娘を連れたオッサンが、上機嫌で女の子の腰に手を回し、ビールをガブ飲みしていた。

「あのオジイチャン達、すごく有名なの。カッコイイのよ」

娘は少し自慢気に話している。

「せやけど、これジャズちゃうやろう」

娘はその言葉にムッとした顔になる。

先程まで心の中で同じような事を思っていたのに、老婆の涙や少年のような顔をする老人を見たせいか、僕もオッサンの言葉に腹が立った。

あらためて、場違いな所にいた事を知り、店を後にした。

3

あてどなく夜の上海を彷徨《さまよ》ってみる。

夜の街はまだ肌寒い。

オレンジ色の街灯に照らし出される街には人があふれ、肩を何度もぶつけ合いながら進んで行かなくてはならない。

赤や黄色のうっとうしい色のネオンには、漢字がびっしりと書きこまれていた。

蛍光灯の青白い光が外にもれている食堂は、いつもと変らずに湯気があがり、蒸し物から香る香菜《シャンツァイ》の青虫をつぶしたような匂いがただよっていた。

しばらく歩き続けていると、何かあやしげな路地にぶつかった。そのまま進んで行く。

生ゴミが堆《うずたか》く積まれ、暗闇の中でドブネズミが走り回る〝カサカサ〟という音が聞えて来た。

街灯に照らし出され、真っ黒に着ぶくれした男が、ひざをかかえて座りこんでいるのが目に止まった。

独り言をずっとつぶやいている。

ネオンの数も少なくなって来た。

少しばかりあぶなっかしい路地に入りこんでしまったようだ。

後もどりしようとふり返ると、

「アンタ！」

と大声をかけられた。

四十代の小太りなおばさんが立っている。

「アンタ、日本人か、マッサージ千円、どうだ！」

どうして外出するといつも僕は、この手のおばさんに声をかけられるのだろうか
……。

「千円だぞ。ちょっとこいや！」

そう言うが早いか手をつかまれてしまった。

「いや、いいよ、マッサージいらないよ」

「マッサージせんのか、じゃビール飲んでけ！」

歩いてすぐの所におばさんの店はあった。

〝按摩〟とガラス張りの入り口に書かれてあった。

その横に小さく〝いらしやい〟とひらがなが書きなぐられている。

中国語で大声を張り上げると店の奥から二人、やはり同じように小太りのおばさんがのろのろとやって来た。

三人共ウエストのくびれなどどこにも見られず、いかり肩と太い二の腕、ふしくれ立ったいも虫のような両手の指は、永年按摩をし続けて出来上ったものか。

僕を引っ張りこんだおばさんは表情を何一つ変える事なく、

「ビールでいいか」

とおやじのような声でつぶやいた。栓抜きの角でビールビンの頭を「カンカン」とたたき、ビールの栓をいい音を立てて抜く。

小さなカウンターの奥に冷蔵庫があり、あとからやってきたおばさんの一人が、

「はいはい、ビール、ビール」

と言って、中からおつまみを持って来た。

ラッキョウと青菜をいためたものだ。

もう一人は丁寧にお盆にグラスを載せて持って来た。

人数分のグラス四つである。

「あんた日本のどこから来た？」

「東京だけど……」

「私ら大久保にいたよ、二年間な」

他の二人はウンウンと無言でうなずきながら勝手にビールをガブガブ飲んでいる。

「マッサージやってたの？」

「おう、そうだ。スケベなのもな……ギャハハハ」

三人は口を開いて大声で笑い出した。

ラッキョウとビールの匂いがまじった息がくさい。

「大久保通りのな、駅のすぐそばだ。按摩屋があったんだ」

あのあたりはそんな店がいくつもある。

道ですれ違う人々は日本人の方が少ないのではないか、そう思う程外国人が多く住む街になっている。

「二年もいたの。じゃあ貯金いっぱい出来たでしょ」

三人そろって思い切り首を横にふった。

「だーめだ、ほら、パチンコで、ほとんど使ったぞ！　私達博打大好きだから。仕事してもすぐ金無くなるよ。だからスケべやるよ、ギャハハ手でな、ホンバンも時々な」

ビールは勝手に三本目になっている。

「しかしおばさん達ホンバンなんて、無理でしょ。ああいうサービスは若くないとだめでしょうが」

「なに言ってるアンタ！　大久保酔っぱらいいっぱいいるだろ！　酔っぱらいなら大丈夫。ギャハハ、それに奴らもう大きくならないぞ！」

「やらずぼったくり、ね」

「なんだそのやらせなに？　それにな、ゴムしなくていいと言ったら仕事になるぞ、なあ」

三人はうなずき合っている。

ゴムをしない売春婦とは恐しい。

「そ、そんな……。ゴムをしないなんて」

「だーいじょーぶよ！　赤ちゃん出来ないもの食べればいいんだから」

「いや赤ちゃんの事心配してるんじゃなくて、病気を……、えっ仕事のためにピル飲んでたの？」

「高いよあれ、だめだあれ。日本語何言ったっけ、木の実だ、ちょっと待て」

水屋の引き出しをごそごそ何かさがしている。ビニール袋に入った小さな木の実を持って来た。

――ドングリの実であった。

「これ生でたくさんかじるよ。腹の虫もすぐ出てくるよ。赤ちゃんもすぐ出るよ」

赤十字が聞いたら卒倒しそうな話である。

按摩屋のおばさんの話は、にわかには信じられなかった。

「信じられないな、そんな話」

「そうだ、ドングリある！　どうだゴムしないで二千円でいいぞ、三人の中から選べ」

選べと言われても差があるわけではない。一軒の店のたこ焼きはどれも同じ味だ。コンビニのおにぎりを一つだけ選べ、と言われるより難しい選択である。

「いりません。ビール飲んでいる方が楽しいです」

「そうか一緒に飲むのがいいか。一本五百円だ、いいな」

テーブルの上にはもう八本も空きビンが並んでいる。

おばさん二人分と同じだ。

ぶっきらぼうな人達であったが、心底陽気であった。

ビールをがぶがぶと飲んではしきりと大久保にいた頃の話をして、大きな口で高笑いし、僕に抱きついたままで、ベロベロとなめるように顔中にキスをして来た。

4

今晩はこのまま酔いつぶれるまでここに居ようか、そう思い始めた時である。

娘が扉を開けて店内に入って来た。

酔っ払ったおばさん達を見回して眉間にしわをよせ、困り果てた顔をした。

「わたしの娘よ！　美人でしょ」

目の前の大きな四角い顔をしたおばさんから、どうしてこんな美人が産まれて来たのだろうか。

「二十三歳になるよ。理容師になる勉強中よ」

髪はさらさらと長く、小作りな顔の涼しげな一重の目が、すっとこちらを見つめていた。

鼻も唇も大きすぎず、小さすぎず、手の指は白く細く長く、ふと髪をかき上げる時の指の動きは優雅である。

この娘が生命を受けた時、おばさんがドングリをかじらなくて、本当によかった。

おばさん達はよほどこの娘の事が好きなのか、ベタベタと抱きついては世間話をやめようとはしなかった。

「この子日本語も勉強中、話してみなさいあんた」

「や、やあ、こんにちは。勉強大変だね」

おばさんと話すのは楽でいいが、若い女とはどうも上手く話せない。

「お客さん仕事で上海来たんですか、それとも旅行で……」

きれいな日本語であった。

「旅行だよ。日本語上手だね、おかあさんより上手だよ」

それを聞いてまたガハハと大笑いするおばさん達。

「私勉強しなかったから。日本のおやじ達とばっかり話していたからね、だーめだ！」

「おかあさん達、へんな事しなかったですか」

変もなにも、腕を無理矢理引っ張られ、マッサージをする気がないとわかるとビールをおごらされている。

でも、そうは言えなかった。

「あんたのかあさんおかしいぞ」

と、初対面の美しい娘に言える男はいまい。

「ここに住んでるの？」

「はい二階までが按摩屋で、その上が私達の家なんです」

「おい日本人、そんな話はいいよ。私達はもうお腹いっぱいビール飲んだからもういい！　娘に何か美味《うま》い物御馳走してやってくれ」

いまどきの上海娘がどんな所へ行きたがるのか興味があった。

「いいよ、どこへ行こうか？」

彼女の顔がぱあっと明るくなった。

「うーん、どこ行こうかな……。少し待ってて下さい、上で着替えて考えて来ます」

しばらく待っても下りてこなかった。

おばさん達は今日はもう店じまいしたいのか、時おり階段へ行き、下から大声で怒鳴り声を上げていた。

その度に階上から小さく彼女の返事が聞えた。

携帯電話で誰かと話しながら細い急な階段を下りて来た。

着替えと言ったものの、髪を上げ、うっすらと化粧をして来ただけであった。

「あのう、私の友達が歌手をしています。今晩彼女は、あるお店で歌う事になっていて、食事も摂《と》れますから、そこ行きませんか」

「じゃ、そこ行こう。場所は？」

「フランス租界の方なんです、タクシーで行きましょう」

「わかった。じゃあおばさん達、娘をかりて行くよ」

「おう行ってこい。ちょっと待て」

そう言うと力強い腕で引きよせられた。

耳元にラッキョウとビールのえも言われぬ臭いをまきちらしながら、口を近づけた。

「あんた、娘にスケベしたら殺すよ！　私にしておけ」

そう言うと金歯をのぞかせてニタリと笑った。

夜の九時を過ぎていた。

あい変らず街は人でごったがえし、道は渋滞している。

彼女はタクシーを停めると軽やかに身をすべらせ乗り込んだ。

「日本人と食事へ行くの初めてです。何を話したらいいですか」

「何でもいいさ。友達と夜出かけたりするの」

「ほとんど行きません。父がいないので母が仕事していますから、私も家の事手伝います。時間があまりなくて、ほんの少し、学校帰りにアイスクリームを食べに行くらいです」

「どうして日本語を勉強しているの」

「来年留学しようと思っていますから。東京で理容師の学校行きたいんです。仕事もしたいのです。お店も持ってみたいのです」

タクシーは豪奢《ごうしゃ》な洋館の前に停まった。

玄関に植えてある大木に小さな電球がいくつもちりばめられており、白く輝いていた。

ウエイターがやって来ると、彼女は二言三言何かを伝えた。

「さっき家から電話で友人に席の予約をたのんだの。何だか高いお店みたい。少し恥ずかしいです」

今まで数日間上海の街をうろついたが、こんなにセンスのよい店へ入ったことはなかった。

ワインがずらりと並んでいた。

全てのテーブルにはキャンドルが小さくゆれている。

流れている曲はジャズであった。

つい先程聴いて来た〝老人バンド〟の中華風ジャズとは大きく違っていた。

ふとしたきっかけで知り合った上海娘のおかげで、〝今〟の中国が見えかくれし始めている。

「いい店だね、君の友人はどんな歌を聞かせてくれるの？」

「うーん、何か……ジャズだって言ってました。私、彼女の歌聴いた事ないんです。今日初めてなんです」

流れていた曲が止んだ。

ミュージシャンが三人やって来る。

舞台がほんのり明かるくなると、中央にスポットライトがあたった。

「あっ、来た。私の友人です」

すらりとした細身の、柳腰の娘が真紅のチャイナドレスを着てスポットライトに照らされた。

中国語でまず挨拶をした。

メンバー紹介だろうか、楽器を手にした男達が一人ずつ軽く会釈をした。

最後に彼女が頭を下げると静かに演奏が始まった。

曲はスタン・ゲッツの〝イパネマの娘〟であった。

しっとりとした、少しまだ若さが残る歌声はポルトガル語であった。

新アジアパー伝

むん
夏の夜
バカ息子の
しょんべんびたびたの
フトンでムリヤリ
眠っていたらー
そのかおりで
おばあちゃんの
ことを
思い出した。
私のおばあちゃんは
生涯一度もフトンを
干さなかった人でーー

1

満席状態のオンボロバスは、揚子江の河口にある小さな港、〝芦潮港《ルーツアガン》〟目指して、ガラガラと不快なエンジン音を立てながら、だだっ広いハイウエイを進んでいた。

半年ぶりの上海は真夏で、それも高い湿度のおかげで少し街を歩けば、両生類の皮膚のようにベタベタとしてく

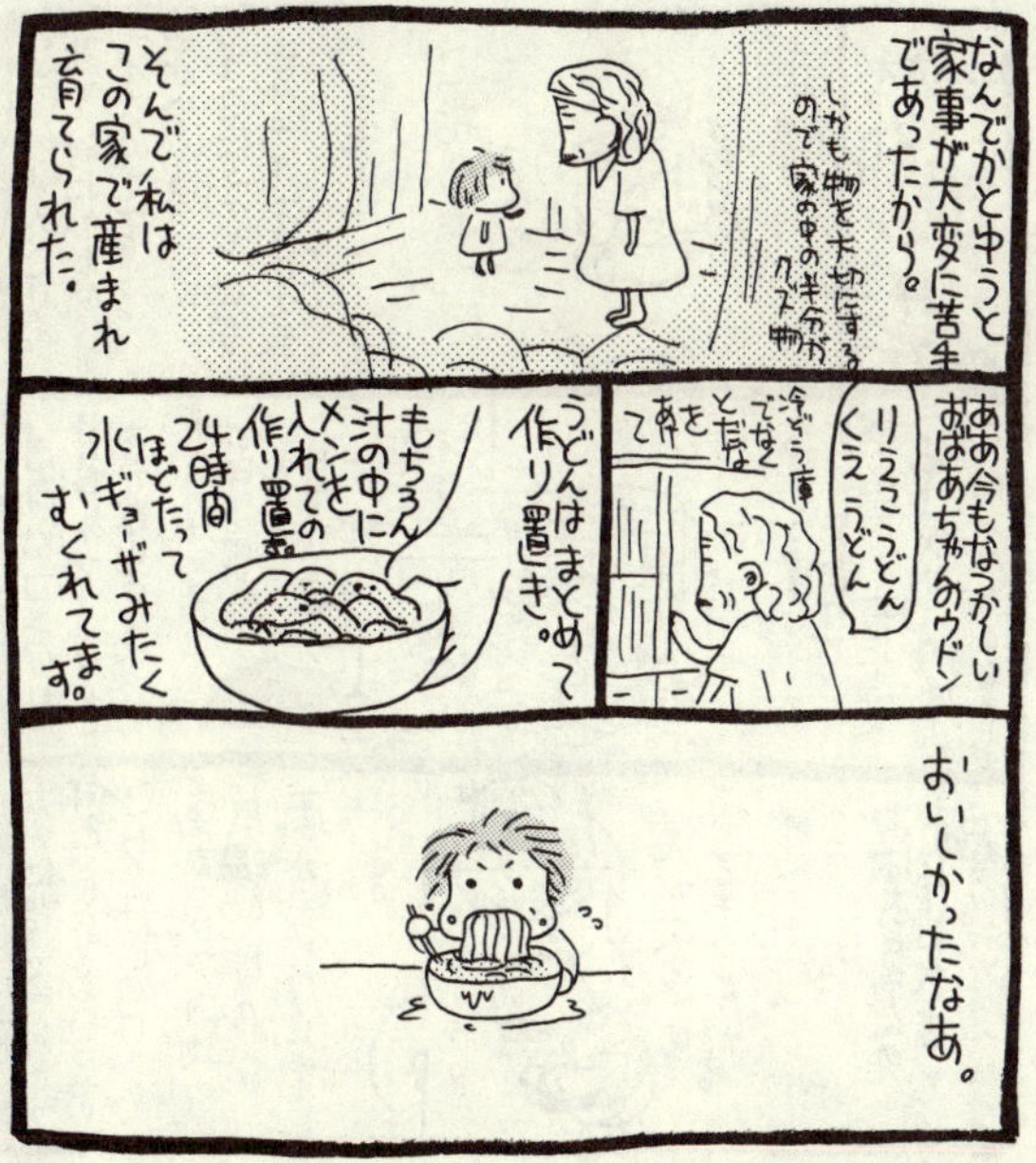
なんでかとゆうと家事が大変に苦手であったから。
しかも物を大切にするので家の中の半分がクズ物
そんで私はこの家で産まれ育てられた。
ああ今もなつかしいおばあちゃんのウドン
リエコうどんくえうどん
冷ぞう庫でなくとだなをあけて
うどんはまとめて作り置き。
もちろん汁の中にメンを入れての作り置き。
24時間ほどたって水ギョーザみたくむくれてます。
おいしかったなあ。

る。

　バスの車内はエアコンが効いているのかいないのか、うっすらとひたいに汗がにじんでくる。

　前に座っていた男性が運転手に大声を上げたかと思うと、いきおいよく窓を全開にした。「エアコン効いてないぞ！」とでも怒鳴ったのか。すぐさま熱風が入りこむ。

　こうなるとしょうがない。まわりの人々もたまらなくなって窓を開け始めた。

　最初に窓を開けた男性に抗議するのではなく、「右へな

ごはんはのこりのみそ汁にひやめしをつっこんで煮る。煮つめる。そこにネギと卵。まぜる。まぜる。
これが
また。
ジョン
私がたべおわったらのこりは犬めし
台所はコンクリ井戸水ですべてをまかないます。
本日のサシミと何日か前の生ゴミがならんでいます。
ゆか糸ひき
冷ぞう庫はあったんだけど中にモノをたくさんつめてそれで使わなかった。（押しいれの奥のダンボール箱みたいね）
大人になって世界中で何を食べてもハラをこわさないのは東南アジア内地気温40度の雨季のカキ
ふふん♪
君にマネできるかな。
おばあちゃんのおかげだなあと思う。

らえ」となる中国人達。

より涼しい方がいいに決まっているのに、暑い風を顔中で受けていた。

「バカかあ、こいつらはあ！」

すぐ隣に座る呉さんが日本語でうなり声を上げた。

「この人達は田舎者ですから、頭悪いんです」

一刀両断した。

「よけいに暑くなるのに、なんにも考えられない……。まっ、そのレベルの人達ですよ」

呉さんは、上海に行くたび

コトコト
そういえば あの家は
相当にくさくて 汚かった
ハズなのに、
小学生になっても
中学生になっても
そんな風に感じなかった
なあ。
ぎゅぎゅ
好きだと
わかんない
もんだ
なあ。

にお世話になっているキシダさんの会社で働いている人であった。

　今年四十歳になる男性で、十数年日本で生活していた。日本語が上手だった。

　髪は短く角刈りにされ、目元はきりりと涼しく、松方弘樹によく似た男前である。

「似てますねぇ」

　そう告げると、

「そんなにカッコ良くないですヨ、フフッ」

　と照れ笑いをするのだが、あの俳優が魚釣りに行くたびに身につけているのと全く同

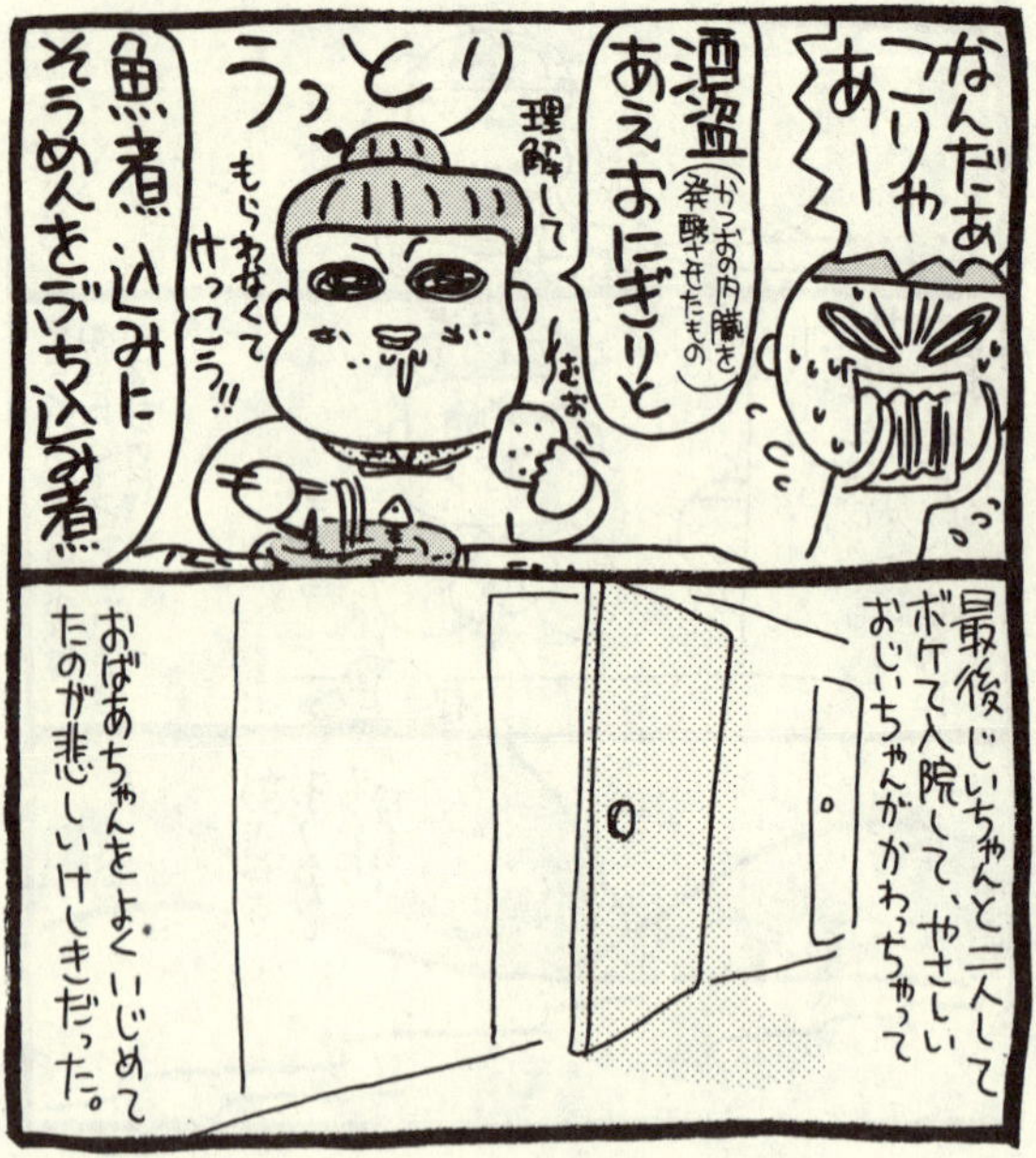

じレイバンのサングラスをしている。

それなりに意識しているようだ。

「私は少し眠りますので」

暑さにまいったのだろう。

そう言うと瞼を閉じた。

どこまでもハイウエイは一直線に延びていた。

同じような型をした郊外型マンションの建設ラッシュのあわただしい眺めが消えたかと思うと、小さな一軒家が点在する緑濃い農村風景に一変した。

軒下の洗濯物が強い日差し

に白く輝いて見える。

道ぞいには等しく距離をおいて、おばさん達が並んで座っている。

そのすぐ横には竹で出来た大きいカゴの中に積まれたスイカが売られていた。

おばさん達の年かっこうはほぼ同じで、皆ボロを身にまとい、痩せこけている。

アスファルトの強い照り返しの中、ゆらゆらと浮び上る彼女達を見続けていると、妙な白昼夢を見ているようで気分が悪くなって来た。

さほど大きくない町工場が現われると、その周囲には自転車にまたがった人々が次から次へと集まってくる。

いつの間に目を覚ましたのか、呉さんは工場を見て、

「昔は気温が三十度を超えると工場はお休みだったんです。でも今は違います。エアコンが出現しましたから。でも、どっちがいいのでしょうね、このバスのエアコンと同じようなものですから……」

「工場でも、エアコンつけて窓開けて、ですかね」

「フフッ」

一つ微笑《ほほえ》んだきり、呉さんは再び眠りに入った。

バスは予定通り、上海からきっかり二時間で港に到着した。

まだ開発中のようで桟橋は細長いのが一つだけであった。

船着き場までバスに乗ったまま運ばれて行く。

海は穏やかだったが、水の色は真っ茶色であった。

真っ青な夏空の下、見渡すかぎり茶色い海が広がっている。

今やって来た方向を見つめると、遠く彼方に上海の高層ビル群が小さく見えた。

潮の香りはうすく、といって河の匂いもしない。

田植え前の田んぼの匂いに近い。

海がこんな匂いをさせるなんて、初めての体験であった。

バスの乗客達はおかまいなしに揚子江の河口で立ち小便をしている。

僕も真似をしてみた。

ひさしぶりに気分のいい立ち小便であった。

「船がねえ、まだ来てないんですヨ。まったく田舎だなここは」

呉さんは一人怒っていた。

「私の買ったチケットは上海から、今行こうとしている嵊泗島《スオンシタオ》までの物なんですヨ。バスが港に着いたらすぐ船に乗れると言っていたのに、何なんだ全く！」

一本だけの桟橋《さんばし》で二時間は待たされただろうか、遠くに船が小さく見えて来た。

「あっ、あれかな、そうだあの船ですよ」

船ははるか先にあるというのに、中国人達はもうそわそわしている。人々は我先に船着き場へと集まって行く。

「これだから余計に時間がかかるっていうんだよ。普通に並べば早いのに」

フェリーと聞いていたが車は積んでおらず、小型の高速ボートであった。

船が接岸し、中から人々がどっと降りて来た。

桟橋で待たされた人々は、乗客が降りるのを待ち切れないのか、降りる人と乗ろうとする人がお互いに人をかきわけ合って先へと進もうとする。

一本の板が渡されているだけだというのに、危ないとも思わないのか、怒鳴り合いながらごちゃごちゃの混乱が始まった。

船員数人は、大声をはり上げて人の流れを整理しようとしていたが、全く無駄であった。

葉っぱに群れるあぶら虫を見ているようだ。

「よし、行きましょう」

呉さんは力強くそう言うと、僕の手を引きながらその群れの中へとつっこんで行った。

「普通に並べばいいのに」と、つい先ほど話していたのに、目を三角にし、ほつれた糸を引きちぎるように人をかきわけ、強引に船内へと入って行った。

2

エアコンのよく効いた船内は全席指定になっていた。

手に持ったチケットと、座席番号を見くらべながら進んで行くと、自分達の席にはもう他人がしっかりと座っている。

呉さんは知らんぷりをしている男二人にチケットを見せる。

男達が何か言い訳を吐いたかと思うと、呉さんは、言葉のわからない僕にも理解出来る罵声を男達に浴びせかけた。

呉さんのいきおいにおされ、すごすごと席を立つ男達。クーラーの効いた部屋から出て行った。

「あいつら二等のチケットなんですよ。それなのに平気でこっちにいるんだから田舎もんが！」

無礼な人を見ると田舎者と決めつける呉さん。もしかすると上海人はプライドが高いのだろうか。
乗り込もうとする人々の混乱も落ちつき、やっと船は出港した。
泥の海は静かで波一つなく、船はすべるように進んで行く。
窓を見ると、波しぶきがあたって、乾いた所は、うす茶色のまだら模様を作っている。
そのせいで外の景色はぼやけ、くすんで見える。
すえつけてある二台のテレビは香港映画を映し出している。
画面の下には漢字と英語のキャプションが流れている。
船の静かな走り心地に、つい眠ってしまった。
エンジンの轟音《ごうおん》に目を覚ますと、島に接岸しようとしていた。
「丁度二時間の船旅でしたね。なかなかいい船だったと思いませんか」
呉さんが話しかけてくる。
中国の乗りものは、思いがけず立派なものに出合う時がある。
列車がそうであった。この船もなかなかどうして、速いし快適な乗り心地だ。
すのこ板が岸に渡された。
わらわらと孵《かえ》ったばかりの稚魚のように、人々は岸へ上って行く。

嵊泗島にやって来た。

上海っ子のお手軽リゾートアイランドと聞いてやって来たのだった。

空の青さが濃かった。

上海より湿度はないが、気温はかなり高い。

水色の同じ型のシャツを着たおばちゃん達が何人もしつこくつきまとって来る。

「何の客引きですか、呉さん」

「おばちゃん達はタクシーの運転手ですね。いいホテル知ってるって皆言ってます。どうです、どのおばちゃんがいいですか、選んで下さい」

「選んでって言われても……全員ただの田舎のおばちゃんだし、ちょんの間みたいな事言われてもなあ。あっ、あそこのおばちゃんにしますか」

指さすと、さっそくおばちゃんは走って来た。

「こいつで、いいですね」

ちょっとおかしな日本語で呉さんに念をおされる。

「はい、いいです」

おばちゃんを選んだ理由など特別何もなかった。ただ他の人より顔がとても大きくて四角だったからである。

タクシーに乗りこみ、呉さんはおばちゃんと交渉を始めた。

開いたままの窓から海風を浴びていると気持ちがよかった。

タクシーが小高い丘にさしかかる。

遠くまで島全体が見渡せた。

あまり背の高くない森と赤土で出来た島だった。

どこまでも海は泥の色である。

潮が引いた小さな漁港にあるいくつかの船も、泥の上で斜めにかたむいていた。

この泥の海にはどんな魚が潜んでいるのだろうか。

晩ゴハンが楽しみだった。

「呉さん。この島で獲《と》れる魚で一番有名なのは何という名の魚ですか」

おばちゃんに聞いている。

「顔が狼の魚、だそうです」

〝顔狼魚〟、オオカミ魚の事か？　あれは美味《うま》くないだろ。

「顔が狼の魚はヘビのようですか？」

「いえ、顔が狼で体は丸くて赤いそうです」

頭の中で異星人が出来上ってしまった。

「よし！　晩ゴハンはそれにしましょう」

「だめなんです。この時期資源保護のため、沖へ船を出して漁をするのが禁止されているんです」

「えっ、魚はないと……」

「はい、ありません」

「じゃあ島の人は何を食べているのですか」

「ですからこのおばさんのようにタクシーです」

おかずの事を聞いたつもりであったが、呉さんは島民の生活の事を答えてくれた。

3

島民はほとんどが漁師で、禁漁の時期におばちゃん達は、タクシー運転手に早変りするのだ。しかし本当に一体何を食べているのか。晩ゴハンがますます楽しみになってきた。

車は小さな繁華街へと入った。ここが島の中心地だと教えてくれる。

ホテルはどこも満室であった。呉さんとおばちゃんが話し合っている。

「どうします。街中のホテルはどこもだめだそうです。あのう、もう少し行くとリゾートホテルがあるそうですが、行ってみますか？」

泥の海沿いリゾートホテル。興味が湧いてきた。

「よし、そこへ行こう」

おばちゃんはニコニコと笑いながらタクシーを走らせた。

小さなトンネルをぬけ、こやしが臭《にお》う畑の中を走ると大きな白い建物が見えて来た。

どこを見ても看板が見当らない。

金色に輝く星が三つだけよく目立っていた。

中国のホテルは星の数でランクが決まる。星五つが最高で、そういったホテルのロビーには何故かしら必ずパリ、ロンドン、ニューヨーク、東京といった世界の主要都市の時間を表す時計が目立つ場所に飾られている。ここにもその時計があった。

フロントの受付嬢が、三人やって来た。

どうした事か、三人とも角刈りである。

静かである。他の客の気配がない。

「呉さん。客いないんですかね」

「私達だけです」

「ホテルの名前は何て言うんですか」

「名前はありません」

名前のないリゾートホテル。ますます興味が湧く。

宿泊名簿に書きこんでくれと角刈りのねえちゃんから紙を渡された。

その上に、〝浙江省・舟山市・旅店・うんぬん〟と書いてある。ホテルの名前は見つからなかった。

まあそんなものどうでもよい。泥の海沿いリゾートホテル。それだけで充分である。

「荷物置いたら明日からの事もありますし、散歩に出ますか？」

「そうしよう」

呉さんに同行してもらったのは、島民の言葉をひろいたかったからだ。

「ところで呉さん、このリゾートホテル、海が見えないんですね」

「ええ見えません。見えるのはほら、畑と道だけです」

大きな門をくぐりぬけると、迷彩服を着た若者達が畑の野菜にこやしをまいているところであった。

野菜はナスと枝豆、ブロッコリーなどである。

するとすぐ近くで「パン」と乾いた銃声が響いて来た。

「何だ！」

びっくりして呉さんと顔を見合う。

続いて「タタタ、タタタ」

と自動小銃がきっちり三発ずつ撃つ音が聞えて来た。

咄嗟に周囲を見渡しても、犯罪の気配は感じられないし、畑では何も変らず若者がこやしをまき続けていた。

門を見るとホテルの塀に沿って深く掘った穴や、地面から数十センチの所に有刺鉄線が張られていた。

何やら大声がして、若い兵士達がライフルを持ったまま遠くからその障害物にもぐり、跳びはね、登り下りして、全速力でこちらに向って来た。

ホテルの門のすぐ横に〝四百米障害物訓練〟と書いた立て看板がある。

その間も「タタタ」と自動小銃の音が聞えて来る。

泥の海沿いリゾートホテルは、軍の訓練所のすぐ横にあるのだった。

目の前の畑も軍の所有地で、自給のための農作物を作っていたのだ。

揚子江の泥も、こやしの臭いも、銃声も、兵士の訓練も、もう一つ言うならフロントのねえちゃん達の角刈りも、リゾートホテルにあってはならないものではないだろうか。

つくづく興味深い島である。

ホテルを後にし、島民やタクシーが行きかう道へ出る。

なだらかな坂を登って行くと砂浜への道があった。

「砂浜で遊ぶにはあの門でお金を払わなくてはならないんです」

呉さんの説明する方を見ると大きな黄色い門があり、水着姿の大勢の人が門をくぐりこちらへ向って来ていた。

夕暮れ時であった。

背中を日に焼いてピンク色にした中国人達が宿へ帰り始めている。

片手によく冷えて汗をかいたビールびんを持つ者、ビニール袋一杯の貝を浜で掘って来た女の子。

道の両側には小さな民宿が立ち並んでいる。

どの宿もわかりやすい所に〝酒家〟とペンキで大きく書かれていた。

中庭をのぞきこむと丸いテーブルを囲み、晩ゴハンが始まっていた。

どこの宿でもテーブルで大勢が貝を食べていた。

貝がらをテーブルに堆《うずたか》く積み上げている。

大八車にスイカを積んだ親子が一軒ずつ宿の前で立ち止まり、子供が玄関まで行き御用聞きをしていた。

今日はよく売れたのか、大八車をのぞくと、のこるスイカは三玉だけであった。

「禁漁の時期ですから、観光に精を出さないとね」

「こういう小さな酒家に泊ってもよかったかな」

その問いに呉さんは何も言わなかった。

坂をしばらく登って行くと宿もなくなってしまった。

周りは松林が広がるばかりで急に寂しくなり、来た道をひき返す。

「僕達も食事にしますか。途中の街までタクシーに乗ってね」

島民の八割が漁師だと言う。そして今は禁漁期で、女達はだんなの手伝いも出来ず、タクシー運転手となる。タクシーはほとんど自分達の自家用車なのだそうだ。

ものの一分も歩いていれば空車がやって来る。

メーターは付いていない。

この砂浜付近から中心街までは十二元と決まっていた。

4

日が沈みかけた頃、夕やみの中、屋台街を歩いて見た。

なんだ、魚を売っているではないか……。

「呉さん、魚ありますヨ。禁漁なのでは？」

「あれね、あれは小さい魚。近海の小さいのは獲っていいんですよ。私の言っているのは大きな船で、大きな網を使って何トンも獲ってはいけない、という意味です」

そう言うものの、日本じゃなかなかお目にかかれない新鮮で立派な大きさの太刀魚《たちうお》やハタ、メバルなどが所せましと並べてあった。

一番客の入っている店で食事をする事にした。

軒先に新しくテーブルと椅子《いす》を出してもらう。

ざっと並べられた魚貝類を呉さんと見に行く。

「何が食べたいですか？」

「呉さんは？」

「ブロッコリーが大好きなんですよ、炒《いた》めたやつ。それたのんでいいですか」

「もちろん。しかし魚とか貝を頼むかと思ったら野菜なんですね。他に何か食べたい物は？」

「どうぞ決めて下さい」

じゃあと言って貝を二種類、あとは魚とシャコをたのむ。

「料理法はどうしますか」

「と言われても……美味《おい》しくやって下さいと伝えて下さい」

「わかりました」

呉さんはコックと話し始めた。コックはウンウンと頷《うなず》いている。それから、と店の主人なのか、おばさんが出て来て話が長くなった。

だんだん声が大きくなってゆく。

おばさんはツバを飛ばし、目をむいて激しく体を動かしながら大声を張り上げている。

香港映画の中だけではないのだ。中国にいると日常的に女が怒鳴り声を上げる姿を見かける。

ボッタくろうとしてケンカになったのか。呉さんがついきつい物言いをしたのか、狂犬のようにおばさんはほえ続ける。

「わかった、わかった」とでも言ったのか呉さんは、しばらくすると僕の待つテーブルへ帰って来た。

何も言わず静かに椅子に座る呉さん。

「もめてましたね」

「いいえ、ただ注文していただけです」

「でもおばさん怒ってましたよ」

「いいえ、何も……」

「何も、ですか」

「はい。調理方法を丁寧に教えてくれていただけですよ」

一皿ずつ、出来上った順に料理が運ばれて来た。

呉さんはごはんのおかずとして、僕は白酒《バイジュウ》の肴《さかな》として美味しくいただく。

「いやあ、やっぱり上海より安いですよ。特にハマグリがね、三割安い。新鮮だし、美味い！」

屋台街といっても、細い路地に二十軒ほどの店が軒を並べるだけの、小さなものだった。

見上げると路地をはさんだ両側に八階建てくらいのアパートが並んで立っている。

夜露を吸った洗濯物がしなびてだらりとたれ下がっている。

食事をしている際、何人かのホームレスがやって来ては、各テーブルで物乞いをしていた。

少年、少女、年寄りとさまざまであったが、見ていると黒目がちな瞳も、肌のつやのよさも、歩く姿もどこをとっても健康そのもので、着ている服も立派ではないが、穴一つ開いていない。

彼らは僕達のテーブルにも近寄ってくるが、そのたびに呉さんが一言何か言うと、そそくさといなくなった。

老人がやって来た。

呉さんが低くうなろうが、無視しようが大声を上げようが、しつこくて立ち去ろうとしなかった。

呉さんは店の中にいたそのおばちゃんを呼びよせ、「こいつをどうにかしろ」とでも言うように、老人を指した。

おばさんが持ち前のハイテンションで叫び声を上げ始めると、小さなつえをつきながらよちよちと歩いて来た老人は、そのつえをふり上げ、おばさんをたたくふりをした。

僕達と目が合うと大声で何事か怒鳴り、大股で街の中へと、消えた。

「なんだかみんな健康そうに見えましたけど」

「あいつら、乞食なんかじゃないよ」

「そうですよね。他の国じゃもっとすごいのいっぱい見て来ましたから」

「ほら観光シーズンですから……。精を出さないと、ね」

インスタント乞食の出現。夏季限定、か。

「さっ晩ゴハンも食べた事だし、おねえちゃんでもからかいに行きますか……。カラオケ屋がいくつかあったので顔出してみましょう」

大きな公民館のような建物からアップテンポの曲が聴えてくる。

入ってみると、カラオケ屋ではなく、ディスコだった。

ＤＪがいて、その前が小さなフロアになっていた。ＤＪの背後には原色のスポットライトが当たるお立ち台がある。

ゴーゴーバーのようにステンレスのポールが二本、天井までのびていた。

中に入ると娘が七人椅子に座っていた。

一人だけ派手なメイクに体のラインがよくわかる、すけべファッションの娘がいる。小柄な娘である。

男の客は僕達だけであった。

ビールをたのみ、店の奥へと向う。すると一人派手だった女の子がお立ち台でダンスを始めた。

体をくねくねとよじりながらビートに合わせて踊っている。

時おりポールによじのぼりくるくると回っていた。

ここは中国の泥の島である。

バンコクのパッポンではない。

〝開放路線〟の四文字が頭をよぎった。

あまりの大音響にたえきれず、ビールを飲むのももどかしく、店を出た。

「ここは、若い奴らにまかせましょう。私はもうだめです……」

呉さんはそう言うと指で耳の穴をほじくった。

夜になると気温はぐっと下がり寒いくらいであった。

オレンジ色に光る街灯の下でタクシーをつかまえリゾートホテルへと帰る。

「田舎は信用出来ませんから、ドアの鍵はしっかりとかけて下さいね」

わざわざ部屋の中まで来てくれて、そう注意してくれた呉さん。

「それでは私はこれで、おやすみなさい」

静かに部屋を出て行った。

さて一風呂浴びて寝てしまおうか、と服を脱ぎにかかると「ドンドンドン」とはげしく誰かがドアをたたく音がした。

びっくりしてそうっと近づくと、ドアの向こうから「あのう、呉ですがあ」と大きな声がした。

「ドアに鍵はついているんですけど、窓に鍵がないんです。もしものために十元くらいテーブルにおいて、お金はまくらの下にかくして下さい。おやすみなさい」

窓に鍵のない泥の海のリゾートホテル。

ベッドに横になると「タタタ、タタタ」と射撃訓練をする自動小銃の音が、すぐ近くでした。

新アジアパー伝

それはある夜、私と鴨
本誌担当 金田氏。
なんか おこられてる
3人でお寿司を
食べていますと
金田氏のケイタイがなり
銀座のきれいどころのいるお店に
つれていかれました。
いわゆる
大先生
ごよう
たし店
らしくー
まだ おこられてる
ふと
横の
席を
みれば

1

窓の外からは、夜が明けるのと同時に射撃訓練の音がしだした。

「タタタ、タタタ……」

遠くの山々にこだまする。

ベッドでまるくなり、一体何人の兵士が早朝にたたき起こされ、眠い目をこすりながら標的に向っているのだろうかと、弾がはじける音を聞き

妖怪はまきじじいに
新宿魚。
そして私の目の前には
おけら先生
サイバラー あの仕事 さあー やめちゃおか
ブツブツ
帰りたい
今年で一番ムダな時間をどうすごしてやろうか

ながら考えた。

真夏だというのに、島の朝はおどろくほど冷え、毛布の外へなかなか出られなかった。

安普請《やすぶしん》のホテルの壁からは、隣の部屋で寝ていた呉さんが起き出し、大声を上げてあくびをしているのが聞えて来た。

時計を見た。八時を過ぎたところである。

カーテンを開けると外は濃い霧につつまれている。

海風にのって霧がやって来て、すぐ前を通る細い田舎道

だからって急にボクを呼び出してこんなとこで打ち合せさせないで下さい
ボクだってもしか将来文芸の編集行くかも
ほらあの御大もこっちみてる。
じゃ顔売っときゃいーじゃん小学館の新人ですって
よその出版社のお金でよそのえらい先生の席で全然関係ないまんがの打ち合せしていますがよろしくって名刺出すんですかっ
あ、君こないだのオレの受賞パーティーでまんがの打ち合せしてた
すいませんあの時もヒマだからついってサイバラさんに
お名刺もらって下さい
ヒマって何だ人の受賞式に
ねえねえ
だってヒマだもん

もよく見えなくなっていた。

真っ白い景色の中、老人が大八車を引っ張っているのがかすかに見える。

いつの間に入りこんだのか、窓の桟《さん》に見た事もないほど大きなオニヤンマが、蚊取り線香の煙にいぶされ死にかけていた。

つまみ上げ外にほうり投げると、弱々しく翅《はね》をばたつかせ、そのまま手入れのされていない花壇にポトリと落ちた。

ドアが勢いよく「ドンドン」と叩かれ、ドスのきいた

あの人がさーオレもマンガにかいていいってさーー
いいトシしてパシリやってんじゃないよ新宿小判鮫かよあんたは
しめはおでん屋(小学館近く)
まだおこられてる

大きな声が響いて来た。

「おはようございます。呉ですがあ」

　ドアを開けると、すっきりとした顔の呉さんが〝ニヤッ〟と微笑して立っていた。

「よく眠れましたか？　ロビーで待っていますので仕度をして下さい。朝食をとりに行きましょう」

「パッとシャワー浴びてすぐ行きます」

　今日は泥の海に出て魚釣りをする事にしていた。

　嵊泗島《スオンシタオ》はこの時期禁漁で、漁師達も遊漁船の船頭に早変

りするのだという。

　それにしてもこの濃い霧の中、船を出せるのだろうか……。

　ロビーへ行くと、呉さんは玄関先へ出て外をじっと眺めていた。

「真っ白ですね」

「ええ、ひどいな。今フロントで聞いたんですけれど、台風が接近しているそうです。もしこの島に台風が上陸したら上海行きの船は出ません。どうします？　この田舎町に何日もいなくてはなりません。明日、帰りますか」

見るべきものがほとんどない島であった。

「よし、台風が来る前に帰りましょう。明日、上海に帰っちゃいましょうね」

「はい。それじゃ朝ゴハン食べてそれから釣りに行きましょう」

タクシーを停めて中心街へと向った。

「私はねえ、田舎の食堂を信用していないんです。腹こわしてもほら、トイレもないですからね。あっ、なんだ、この匂いは……」

菓子パンの焼ける香ばしい匂いが漂って来た。

「カモシダさん。私ドーナツ大好きなんですよ。ピザとか、ハンバーガーとかも。東京で味、覚えたんです」

パン屋のすぐ横には小ぎたない食堂があった。

「呉さん、僕この食堂で朝メシ食べますから、パン買ったらここで一緒に食べましょうね」

「はい」

呉さんはうれしそうにパン屋へ走って行った。

食堂の軒先にガラスケースがあり、いくつものお総菜が並んでいた。

アジアでの貧乏生活が長かったせいか、この手の安食堂を見かけると、どうしても入らずにはいられない。

豚の三枚肉の角煮と、カレイか太刀魚《たちうお》の幼魚であろうか、鳥の尾羽根のような形の黄色い魚を炒《いた》め煮した物をたのんだ。

店のおばさんが何事か喋《しゃべ》ってくる。

お皿片手に、テイクアウト用のぐにゃぐにゃした白い容器を指さした。

お皿を指さして、

「うん。ここで食べるよ」

そうつげるとゴハンを丼《どんぶり》に大もりにしてくれ、たのんだおかず二品のほかにダシのちっとも利いていない岩のりスープを持って来てくれた。

二十元紙幣をさし出すと、おつりが十四元返って来た。これ全てで六元。約百円だった。

豚の角煮は想っていた通りの味であった。

小魚はしょっぱくて、何とも漁師街らしい味で、それだけで大盛りのゴハン一膳、あっという間にたいらげてしまった。おかわりをする。

海風を嗅《か》いでいると、すぐに体が元気になってくる。

ゴハンが美味《おい》しい。

呉さんがのそりと店に入って来た。

手にしたビニール袋の中には砂糖をまぶしたドーナツ二個と、メロンパンが入っていた。

呉さんはそれをあっという間に食べてしまった。

それでもたりなかったのか、もじもじとしている。

店のおばさんに注文をした。ゴハンに角煮、ブロッコリー炒めである。

「信用出来ない、お腹をこわす」

と言っていたのに、パン三個に丼メシ二膳を食べた。ちょっとだけ恥ずかしそうな顔をした。

2

外はまだ濃い霧がたちこめている。

「呉さん。魚釣り、出来るかなあ」

「まあ、とにかく行ってみましょう。どうせ禁漁の時期ですから、そんなに釣果《ちょうか》は期待出来ないし。ほら、泥の海に浮いてみるだけでもなんだか楽しそうじゃないですか」

「まあね。でもどんな魚が釣れるんですか？」

店の主人を呼びつけ聞いてくれる呉さん。

手のひらに魚の名を無言で指で書いてくれた。知らない漢字だった。

「あのう、わからないんですが」

「えーとねェ、今やっぱり釣れるとしてもこの魚くらいなんですって。小さくて体が黄色で、口が可愛くて、目が三角の魚です」

性悪女を想い浮べる。

「まあいいや、とにかく行ってみましょうね」

食堂の前でタクシーをひろい、漁師村へ向った。

てっきり砂浜の方か、そのそばの防潮堤の見えたあたりが目的地かと思っていたら、タクシーは山の尾根に作られた細いくねくねとした道をどんどん登って行った。

たちこめる霧の中、かすかに茶色の海が眼下に広がって見える。

小さな入江にさしかかると泥まみれの無数の船が、船首を勝手な方向に向けて碇泊《ていはく》しているのが見えた。

タクシーは山の中腹に停まった。

「この下がそうです」

急な斜面には階段が作られ、中国人観光客が船遊びをして来たのか、大勢の人々が重い足どりで、息を切らしながら登って来た。

階段の下り口には真っ黒に日焼けしたおばさんがテーブルを前に座り、チケットを売っている。

「どうします。釣り、しますよね？」

「せっかくここまで来たんだし、少しだけやってみましょうよ」

おばさんは乗船チケット売りであった。

大きな賭場には必ずいるコーチ屋と同じにおいのするばばあだった。

ぶつぶつと小さな声で呉さんにつぶやいている。

「何話していたんですか」

「いやあね、船に乗ったからって、魚なんか釣れないんだろって言ってやったんです。そしたら〝大漁だよ〟なんて言いやがって」

うん。やっぱりコーチ屋だった。

小高い山の中腹から海を眺めると霧はあい変らず濃かったが、波は立っていなかった。

「霧の中に船を出すと言っても、この入江の中ですから、まあ沈む事はないでしょう。さっ、行きましょうよ」

呉さんに促され急な階段を下りる。

海辺にやって来て初めて気付いたが、すぐ近くにぽっかりと小さな島が浮んでいた。

僕の視線に気付いたのか、呉さんが、

「ネズミ島と言うそうです。ほら、形がネズミを横から見たようでしょっ」

「なるほどねー」

と言いつつも、どこをどう見てもネズミには見えなかった。

船着き場、と言うにはあまりにもおそまつで、小さな、まるで、はなくそのようなコンクリの塊がいくつも並んでいるだけである。

すぐ横に八角形の赤い屋根で出来た休憩場があった。

えらそうな金ぶちの看板があり、〝ネズミ島望楼〟と書かれてある。

「だからネズミに見えないんだよ！」

心の中で叫んだ。

近くで漁師達が酒をあおっていた。

もう、仕事を終えたのだろう。

その中の一人が急に大声を張り上げた。

自分で勝手に大声を出しておいて、どんどん腹が立って来たのだろう。

そこにいる十数人の仲間全員に何事か怒鳴り始めた。

男の怒りようといったら、天地がひっくり返るほどの大声であった。

突然泥の海が半分に割れ、モーゼが歩いて来てしまいそうな勢いである。

こんな時、我々日本人だったら、

「まあ少し落ち付いて、ねっ」

と一声かけるところだが、中国人は笑いながら聞き流している。

しらん顔なのだ。

楽しそうに仕事の後の一杯をゴクリ、とやっていた。

「呉さん、あのおやじ、何をそんなに怒っているんですか」

「ほっときましょう。あんな田舎者。船に乗りこもうとしたら海に落ちたんですって。それをずーっと怒っているんです。つまらない話ですよ」

間違いなくつまらない話であった。

船は船着き場から五十メートルほど先に碇泊してあった。

船頭達は畳一枚分の大きさがあるかないかの小さないかだで、一本の櫂《かい》を上手に使いながら陸と自分の船を行き来していた。

客である僕達を見つけた途端、ものすごい数のみすぼらしい老船頭達が、モーレツな勢いでいかだをこいでやって来た。

またすぐに大さわぎが始まる。

「俺が一番早く着いた!」

のか、

「俺は今日まだ仕事にありついていない!」

まあとにかくわらわらと、石の下でのダンゴ虫のようにせわしない。

「つたくもう。いやになっちゃうよ」

呉さんまでそんな言葉をつぶやいた。

「ねえ呉さん。誰の船でも一緒でしょ。てきとうにたのんで下さい。でも、何で、いつもこうなっちゃうのかなあ。この収益は当然分配されているんでしょ?」

「田舎者なんですよ」

呉さんはまた一刀両断した。

乗りこんだ船の老船頭は、一度だけニコリと笑ったきり、何も話さず、静かに船を走らせた。

泥の海はほとんど波がなかったが、ねっとりと船底にへばり付くような、ねばり気のある、気味の悪い海水であった。

沖へ出れば出るほど霧はどんどん濃くなって行く。

少し前に出た船着き場も、もうすっかり見えなくなっていた。

舳先《へさき》に座りこみ、ただぼんやりと海面を眺め続けた。

泥の海の上を、霧に覆われながら小さな漁船は沖へと進んで行く。

海水を手のひらいっぱいに掬《すく》ってみた。

ごくりと飲んだ。

塩加減が海水ではなくうすかった。

大河の甘い香りが漂っていた。

3

つまようじほどの太いテグスに、人間だってぶら下がれそうな釣り針が付いた道具を渡される。

えさはイワシの切り身であった。

「私達は釣りをして、その間、この漁師は網をかけますので、一匹も魚が見られないという事はないと思います。何か質問あったらどうぞ。通訳しますから」

竿《さお》も何もなく、糸をそのまま海の底へ沈めた。

いくら待っても何のあたりもなかった。

漁師が重たい音のするエンジンをかけ、網を巻き上げにかかる。

網といってもそこかしこ穴だらけで、本気で魚を捕りたいの？　と思ってしまう。

「魚は、この時期産卵をひかえてましてね。ここらへんにはいないそうです。ほら、一匹もかかっていないでしょ」

百メートル近く網を張ったのに魚は一匹もいなかった。

手のひらほどの渡りガニが数匹ひっかかっていただけだった。

「口が可愛くて、目が三角の魚もかかりませんね」

「あれ？　あっ、おっ、ほら見て、見てよ！　僕が言っていた魚が網に一匹かかりましたよ！」

小さな黄色い魚がかかっていた。

漁師も一瞬〝ニヤリ〟と笑う。

〝イシモチ〟だった。

「カモシダさん、この魚、日本人はよく食べますか？　高級魚ですか？」

「いやあ、イシモチはあまり食べないよ。韓国人は好きだよ、焼いたり、鍋物にしたりね。朝定食でね、ソウルでよく食べたよ。不思議だね、日本じゃちっとも美味《うま》いと思わないのに、他の国に行くと食べられるんだからさ」

「私も。日本にいた頃はアジの開き大好きでした。今思うと、何故でしょうね」

船頭が先ほどからずっと独り言をつぶやいている。

時おり潮に焼けたいい声で鼻歌をまじえながらぶつぶつと何事か話し続けていた。

「呉さん、おじさん何言ってるんですか？」

しばらく耳をかたむけて、ウンウンと頷《うなず》いた呉さん。

「言葉がわかりません！」

とうなった。

「ちょっと質問していいかな」

「上海語が通じればいいですけどね。やってみます。何が聞きたいんですか」

「この人の人生」

「……はい」

網を一旦ひき上げ、また元の場所まで船をもどし、もう一度網を下ろし始める船頭。

その作業をしながらも呉さんの質問にずっと何か話し続けていた。

濃い霧の中、一艘《いっそう》の小さな渡し船がやって来るのが見えた。

真っ白なワンピースを着た女性が、日が照っているわけでもないのに、大きな青い日傘をさして甲板に座っているのが見えた。

じーっと船首を見つめていた。

逢いたい人がいるに違いない。

船頭はもごもごと話し続けていた。

もちろん言葉は理解出来ない。

釣り糸をたれながら呉さんが説明してくれるのを待つしかなかった。

三十分は過ぎただろうか、やっと呉さんは、僕に船頭が何を話したのか、教えてくれた。

「生まれてこのかた漁師だし、ずっと漁師だ、と言ってました」

「へっ。そっ、それだけ？」

「ええ、それだけです」

「三十分近く話して、それだけですか？」

「ええ、まあ……。

この人は貧乏という事も知らない人ですよ。

金のない街に生まれ、その街でおやじの仕事を継いで、ただ、それだけなんです。

今目の前にある全てが、この人の世界なんですから、それだけしか知らないんですよ。幸せも、不幸も、自分の見ていられる、歩いて知る事の出来る場所で終っているんです。

ああ今日は大漁だったね。そう言って楽しく晩酌をします。

だめだったよ、今日は……。そう言ってのこったおかずを食べる。そんな毎日なんです。

でもこの人は、泥の海の事ならなんでも知っている。ただ、それだけの人なんです」

「わかったよ、呉さん。魚は釣れるのかどうか、聞いてよ」

パッと明るい顔をして矢継早に質問をした。

笑いながら言った。

「観光ですから。そう言われました。アハハハ」

結局、何の釣果もないまま陸《おか》に上った。

ホテルに帰り、シャワーを浴び、ロビーで呉さんと無駄話をしていると、あっという間に夕陽が沈み始めた。

あい変らずこの大きなリゾートホテルの客は僕達二人だけである。

寂しい事この上ない。

街へくり出すしかなかった。

4

海鮮料理屋に入り、前日と全く同じ物ばかりたのんでいた。

呉さんはブロッコリーをガリガリとかじり、僕はアサリをチューチューと吸っては〝五粮液《ウーリヤンイエ》〟という度数の高い中国酒を飲んでいた。

田舎町は、晩メシを食べ終ると、何もなかった。

僕があまりにもさびしそうな顔をしていたのか、呉さんが、

「ちょっとそこらへん、ぶらぶらしてみませんか？」

そうさそってくれた。

と言ってもメインロードは一本しかなく、前日のぞいたディスコの前を過ぎると、その先は街灯も暗く、

「何もないな。このまま歩いてホテルまで帰ってもいいか……」

と思い始めていた。

すると、前方に妙になまめかしい桃色に光る提灯《ちょうちん》がつるされている店が見えて来た。

提灯には黒い太い文字で〝茶〟と書かれている。

「呉さん、あの店なんですか」

指さして質問すると、

「茶店です」

そっけない答えが返って来た。

「若い娘もいますけれどね。ちょっとのぞいてみますか？」

「先にそれを言ってよ。少しからかいに行ってみましょうよ。ねっ」

店先には安っぽい紺色のチャイナドレスを着た細身の中年女性が立っていた。

さっそく呉さんが店の様子をきき始めた。

「娘、いるそうです。入りましょう。おさわりオーケーです。その後は、実力です」

あっさりとそんな言葉を吐くと、呉さんはすたすたと店内へ入って行った。

中はいくつもの個室になっていて、テーブルのすみには、お茶を飲むための土壁色をした小さな杯が、こぢんまりと伏せて置かれていた。

個室内はうす暗く、壁に南の島の写真がかざってあった。

写真は真っ青な海である。

この島に生まれた人は、青い海に憧れている事がわかる。

「娘、呼びますか？　お茶以外にもビールもありますよ」

「じゃあビールと娘、おねがいして下さい」

ほどなくして、よく冷えたビールを持った娘が一人やって来た。

背の高い、色白な娘であった。

髪の毛先をカールし、少しだけ茶色に染めている。

いたずらっ子のような瞳が可愛い娘であった。

何故か左手首にホータイが巻かれてあった。

もちろん、日本語は出来ないので、呉さんとずっと話をしていた。

「彼女、天津《テンシン》からやって来たんです。まだこの島へ来て四日しかたたないそうです」

「天津は大きな街でしょ。なんでこんな小さな島へ来たんだろうね」

「いやあねェ、それより、強い酒飲みたい、て言ってきかないんですよ、ここじゃ売ってないから誰か、買いに行かせてもいいですか」

「それはいいけれど、そんな事していいの、この店」

「いいですよ、この店の娘が言ってるんですからね。それにビールじゃつまらないでしょ」

「それは、まあ……」

ボーイがやって来た。六百元出せと言っている。

それをきいた呉さんの目が〝キッ〟ときつくなった。

持って来た酒のキャップとビンの底を何度も見ている。

「田舎はね、ニセ物が多くて。ニセ物飲んだら大変ですよ。ヘタしたら死にます」

「なんでそんなにニセ物が出回るのかなあ」

「もうかるからです」

「ほう」

「金になる物はニセ物がいっぱい出ます。ある地方で革靴を作っている大会社がありました。そこね、ビニール使ってブランド物の靴を作ったんです。

それですごくもうけてね。次に何したと思いますか？」

「全くわかりません」

「紙です。紙で靴作って、ブランドのイニシアルつけて、もっと大もうけです。すごい話ですよ。ちなみにね、日本のビールのニセ物は今サントリーが一番多いかな。それが一番売れているって事ですよ。ニセ物が出るというのは人気のバロメーターです、この国ではね」

「それはいい事ですか？」

「いい事ですよ、真似されるという事は」

娘は日本語が全くわからず、勝手にキャップをひねり、一人ぐびぐびと強い中国酒を飲んでいた。

茶店だというのに、酒をガブガブ飲む女が横について、おさわり自由だという。

娘は、時おり僕を見つめ、呉さんに小さな声でつぶやいている。

それを聞き、呉さんは「ウン、ウン」と大きくうなずいてあげている。

「この娘《こ》、今何て言ったの？」

呉さんに聞くと、いつものようにぶっきらぼうに、

「まあ、もう少し話聞いてみるから……」

と返杯をしながら、ちょっとつまらなそうな顔で天津娘の話に耳をかたむけてい

た。

　娘は指先がひどくふるえていた。

　酒のせいかなと思っていたが、いくら飲んでも、指のふるえは続いていた。

「呉さん、この娘の指」

　呉さんは僕に目くばせした。その先は言うなということか。

「それより、この子、手首がほら……」

　と小さく日本語でささやき、娘の手首をじっと見つめていた。

「この子ね。酒は誰にも負けた事がないそうですよ。こんな小娘が何、俺達にいきがっているのか。バカだなあ」

　最後は呉さんのつぶやきだった。

「この娘ね、ビール会社のキャンペーンガールをずっとやっていたらしいんですよ。ほら、レースクイーンのなりそこないが飲み屋で派手な色の服着てるでしょう。ああいった娘ですよ」

　娘が酒に酔って左右にゆれ始めた。

　呉さんの腕をつかみ、必死になってずっと何か訴えている。

「ああ、そうだな。うん、わかったから。もう言わなくていいよ」

呉さんからは、そんなやさしい言葉が聞えて来るようであった。

「この娘、左手首にホータイ巻いてるでしょ。何故だかわかる、カモシダさん」

「いや、わからない。話してくれないんだもの」

「さっきね、彼女は、自分の夢は歌手になる事だったって教えてくれたんだ」

「歌、うまいのかな」

「知らないよ、初めて会ったんだから。でも酒に負けないって言っておいて、もう何回も同じ話ししてるんですよ」

「歌手になりたいって事を」

「いや、ほら、この娘、手首にホータイ巻いてるでしょ。死のうと思って、手首焼いたんだって。そんなんで死ねるかっていうんだよ。焼くんじゃなくて切れ、ですよ」

「でもつらいことがあったんだろうし、そんなにきつく言わなくてもね」

「いやな事あったみたいですよ。友達がいてね、この島の出身だったんだそうです。それで今ここで働いているんだって。でも、この島の事嫌いだって言ってます。バカだよ、この女」

「まだ若いんだしさ」

「違う場所に行ったからって、自分を変えようないんだよ。漁師のおやじの方がよっぽど頭いいよ」

店の前に立っていたおかみが顔を出した。呉さんと短く話をした。

「娘の体にさわっていいと言ってます」

それを聞いていた娘は焼けた手首をそっとテーブルの下にかくした。

新アジアパー伝

1

天井から吊るされた小さな裸電球一つが、部屋の照明だった。

泥の島にある茶店の、うすい板でしきられただけのいくつかの個室からは、ぼそぼそと話し続けるおやじ達の声が、静かに響いてくる。

少しずつ客が入って来ているのか、何人もの娘達がスリ

ツパを「ペタペタ」といわせて、暗い通路を軽い足どりで行き来するのが、入り口に下がったカーテンのすき間から見えた。

　酔客相手の仕事をしているとは思えない健康的な娘達である。

　歩くたびに見えかくれする、チャイナドレスの深いスリットから長くのびた脚には、無垢《むく》な美しさがあった。

「売りをしている娘はいるの？」

　呉さんにたずねた。

「どうだろう……。いない、

かな」

　通り過ぎる娘達をキッとにらみつけながら、つぶやいた。

　同じ席に座る若い娘は、強い酒のせいでゆらゆらとゆれていた。

　焼いた手首が痛むのか、時おり顔をしかめている。

「この娘は、何を使って手首を焼いたっていってましたか？」

「ライターです。ライターの火で死ぬまで焼いてやろうって思ったらしいです。僕も日本にいる時やりました。あ

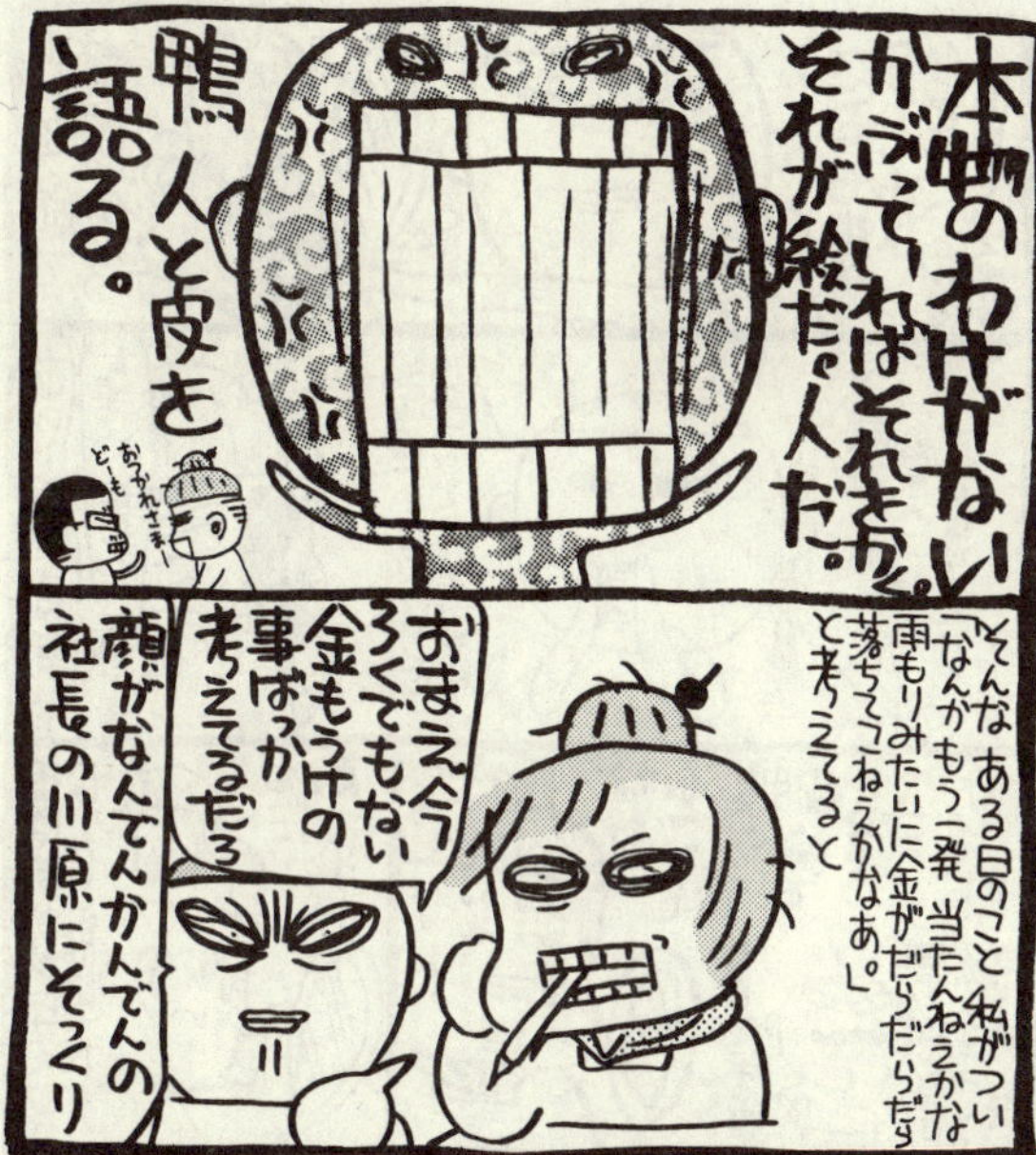

の、タバコでやるの何て言いましたっけ」

「ああ、根性焼きね」

「そう。タバコの火をギュッと押しつけましてね。あれ痛かったなあ」

「何で中国人の呉さんが、そんな事をしなくてはいけなかったんですか」

「流行《はや》ってたんです、私達の間でも。しかしこの娘は、ライターですよ。考えただけでも痛すぎます」

娘は酔った瞳で、壁を這《は》う小さなヤモリを見つめていた。

ヤモリは小さな羽虫に向ってゆっくりと近づいて行き、一瞬するどく前進したかと思うと、見事に羽虫を口にくわえていた。

娘は何事もなかったように表情を一つも変える事なくヤモリを見つめ、酒が満たされたグラスに口をつけた。

中国語が話せないのがもどかしかった。

娘の横顔を眺めていると、火傷《やけど》の事をすっかり忘れているように見えた。

娘は急に「はっ」と我にかえり、呉さんに何事か口走る。

「なんて言ってるの」

「私の事、さわっていいんだぞ、と言っています」

改めて娘の全身を見ると、素肌には張りがあり、つい触れてみたくなる。

だが、数日前に、自ら命を断とうとした娘である。

そうおいそれと「はいそうですか、それじゃ」などとすけべ心を出せるほど、たぎってもいない。

五十七度の強力な酒も、娘が加わって、いつの間にか三分の一しか残っていなかった。

近くの個室で男達が大声で叫び出した。

日本では聞いた事がないほどの大声だ。

娘達のなだめる声が聞えてくる。

するとまた男の大声が店中に響いてきた。

「うるせえなあ、全く！」

呉さんがうなる。

「何を言っているんですか」

「お茶の淹《い》れ方でケンカになったんですヨ。そんなもの、何でもいいだろうが、女目当てで来てるんだからさ」

店のおかみが大声を上げている客の元へ走って行くのが見えた。

上手にあしらっている様子が伝わってくる。

大声を出していた男達は肩を組みながら店を後にした。

娘と目が合った。

「しょうがない人達ね」

そんな顔して、クスリと微笑《ほほえ》み、小さな喉をならし酒を流しこんでいる。

おかみが片目だけカーテンのすき間から出し、呉さんにそっと何か伝えた。

何も言わず、目で返事をする呉さん。

「ここ、つまらないですか？　つまらないですね。いやさっきね、おかみが娘をつれ出してもいいですよって言ったんです。どうしますか」

「つれ出すって言ってもねえ。もしそれで彼女にチップでも入るっていうんなら食事ぐらい御馳走してあげてもいいとは思うけど……」

「いいや、そんなもの出ません。自由恋愛のスタイルでの売春です。いやでしょ、こんな手の焼けた女なんて」

「悪いよ、そんな言い方。でもやっぱり、手首焼いた女の子は、ね」

二人の会話を聞いているのかいないのか、娘は宙を見つめながら一人静かにグラスを口に運んでいる。

酔った瞳を呉さんに向け、ゆっくりと話し出した。

呉さんは何も言わず、じっと彼女を見返している。

「この娘はね、街にある弁当屋で働いているのだそうです。

ほら、朝方入った食堂あったでしょ、あんな所ですね」

娘は話をやめようとしない。

「うん、よく働くねこの子。朝七時から夜七時までだそうです。それからここに来てアルバイトなんですって」

彼女は僕に向き直り、少しも疲れを見せない顔で、明るく微笑んだ。

呉さんが彼女に低い声で話した。

娘は一つ大きく頷いた。

「今何て言ったの」

「働けと言いました。金がたくさん入ったら少しずついやな事なんて忘れるぞ、そういいました」

「そんなに長時間働いて、いくらになるの」

呉さんが質問すると、娘はうなだれながら小さな声で返事をした。

「一ヵ月働いて六百元（約一万円）と店主に言われたそうです。まあそんなものでしょうね。

天津《テンシン》で仕事をしていた頃と比べてもあまりに安すぎるので、もうすぐ上海《シャンハイ》へ行くと言ってます」

「仕事、すぐ見つかるのかなあ」

「ないに決まってますよ。こんな娘は上海にごろごろいます。故郷に帰るのが一番なんだけど、この火傷で帰れないんでしょう」

「何があったのかね、全く」

「若い女が自分の体を自分で傷つけるなんて、もったいない」

「二十歳そこそこでね……。そう言えば歌手はともかく、夢って持っているんですか」

「あ、そうですね、聞いてみます」

呉さんの質問に娘は、あどけない顔をして大きい声ではっきりと答えた。

「だめだ、こいつ。大金持ちになりたい、ですって」

「やっぱりこの娘、まだ子供だったんですね」

「そういう事です」

2

酒ビンも空になろうとしていた。

娘はしきりに呉さんの腕をつかみ、甘えた声で何かを頼んでいる。面倒くさそうな顔をしながらも、娘の申し出に興味があるのか、呉さんの瞳は笑っていた。

「あのねえ、この娘、歌を聴いてくれないか、て言っているんです。一曲五元でいいからって」

「えっこの茶店で歌うって言っているの？」

「そうです。ぜひ歌わせてくれって。どうします？　聴いてやりますか」

「むしろ歓迎だよ、酒ばっかりでつまらなかったしね」

「よし」

そう言うと呉さんは五元札をテーブルに置いて曲をリクエストした。

初めて聴く中国の歌であった。

娘の歌声はみずみずしくよく澄んだ高音であった。

一生懸命に歌う姿は、歌手というよりは合唱団の中の女の子みたいだ。

歌が終り、娘はぺこりと頭を下げた。

呉さんが感心しきった顔で、大きな拍手を娘に送っていた。

「いやあびっくりした。こんな古い歌を知っているとはね。この歌は、死んだ僕のおじいちゃんが毎日のように聴いていた曲なんです。まだ蓄音機の時代ですから、本当に古い歌なんですよ。おじいちゃんは死んだ日の朝もこれを聴いていたのだと母から教えてもらいました。とてもなつかしい。僕はおじいちゃんが大好きでした」

呉さんは娘にもう一枚五元札を渡し、「うまかったぞ」とでも言ったのか、娘に拍手をくり返した。

「どうですか、何かリクエストをどうぞ」

「……じゃあ、テレサ・テンを。曲は何でもいいから」

呉さんが娘に伝えると、しばらく考え、曲を選んでいた。

娘がやさしい声で歌い出した。

その曲は天安門事件の際、テレサ・テンが中国政府に抗議するために、香港から涙ながらに歌ったものであった。

唖然《あぜん》とした。

娘がこの歌を知っているという事と、何よりもこんな大声で、平気で歌ってもよい、という事に。

娘はうっとりと、自分がテレサになったかのように感情をこめて歌い続けていた。

ふと、しきりのカーテンを見ると、すき間から茶店の娘達が大勢この部屋をみつめ、娘の歌声に聴き入っていた。

泥の島の茶店で、小娘の歌うテレサ・テンを聴いた。

酒が美味《うま》かった。

調子づき、五十元紙幣を娘に握らせ、好きなだけ歌わせ、呉さんと僕はテーブルにかたひじをつき、いつまでも歌を楽しんだ。

桃色に光る茶と書かれた提灯《ちょうちん》には何匹もの大きな蛾《が》がむらがっていた。

静かな夜ふけに、娘の歌声だけが響いていた。

3

早朝港へ行くと、濃い霧が前日にもまして海をおおっていた。

台風が近づいてきているらしいが、ありがたい事にまだ海はしけてはいなかった。

上海へと向う船は、大きくて立派なフェリーボートで、客を積んだまま乗りこんでしまおうと、ゲートには五台の観光バスが待ちかまえていた。

また始まるのである。

ただキップを見せて乗り物に乗るだけなのに、サイゴン陥落のニュース映像のような修羅場がまた、始まるのである。

周囲を見ると、もう人々は殺気立っている。

キップは一等、二等共に、全席指定であると呉さんは言った。

だからあわてる事はない、そうとも言った。

しかしどことなく呉さんも興奮している。

「はなれないように」

と念を押したかと思うと、そでをしっかりとつかまれた。

鉄製の大きな門が開いた。
やはり、中国人は皆走った。
バスのエンジン音までうなりを上げて、猛スピードである。
あぶない事この上ない。
門で係員にキップを見せ、細い通路まで走って行く。
通路の入り口でまた一旦止められる。今度はキップの半券をちぎられる。
また皆走る。
いざ乗船という岸壁で、半券だけのキップを係員が小さくやぶる。
何故こんな面倒な事をするのか、さっぱりわからない。
全席指定のはずである座席に人々は好き勝手に、我先にと座っていく。
当然争い事が始まってしまう。
二等キップの人々が一等を占拠する。
一等を持っているのに、ろくにキップを見もしないで二等にいて損をしている人。
どうしてもこうなる。
呉さんが切れて怒鳴り出す。
乗船するまでに三回もキップを見せなければいけないのなら、係員は乗客が乗った後、ちゃんと指定の席に座っているか確かめればいいのだ。

大いにバカげている。

先日、上海でもバカげた事があった。

呉さんと美味《おい》しいと評判の焼きギョウザ屋へ行った時の事である。

人気店なので人がたくさん並んでいた。

呉さんは僕に気を使ってくれて、「私が席を取りますから、近くで休んでいて下さい」

と列に並んだのだった。

二十分程たって呉さんが「席が取れたので入りましょう」

と、外にたたずんでいた僕を呼びに来てくれた。

せまい店内へ人をかきわけ入って行くと、彼が取っておいたはずの二人分の椅子に、ちゃっかりと役人の制服を着たおばさん二人が平気な顔で座っていた。

怒ったのは呉さんだった。

遠来の客人に対して、お前ら礼儀がなってないだろう、と。

おばさん達はひるまなかった。大声を上げやり返して来たのだった。

その時丁度すぐそばにいた別の客が席を立ったので、おばさん二人はしぶしぶその席に移った。

「ああいう中国人を見ると本当に日本に戻りたくなりますよ」

呉さんはプリプリと怒っていた。

「まあ、ギョウザ食べて気分変えましょうよ、ねっ」

気を取り直そうと話す僕の前に、焼きたてのギョウザが運ばれて来た。

あつあつで、嚙むと肉汁がしみ出て来て口の中が火傷しそうであった。

評判どおりの美味しいギョウザに舌つづみをうっていた。

その時である。

「ペチャッ」という音がして、見ると呉さんの頭にギョウザがのっかっていた。どこからか飛んで来たのだ。肉汁が額をつたう。

「アチチ」とはらいのけると呉さんと僕は、周囲を見渡した。

先程の礼儀知らずの公務員ババア二人が、笑いながら箸《はし》でこちらを指していた。

ババアが腹立ちまぎれにギョウザを投げたのだった。

呉さんは焼きたてのあつあつギョウザが載った皿をむんずとつかむと、ババアの頭めがけ、皿ごとたたきつけた。

皿は床に落ちてこなごなにわれ、ババアは顔中肉汁でベトベトになった。

ギョウザの投げ合いが始まった。

警官が飛びこんで来たのは、ほどなくであった。

他の客の証言で、先に手を出したのはババア達で、なにより公務員にあるまじき行為という事で、その場で二人は連行された。

ギョウザ一つで、こうである。

こまったものだ。

4

席取りの混乱もどうにかおさまり、ようやく船は港を出た。

とろりとした泥の海は波静かで、船はゆったりと揺れながら前進して行った。

心地良さにすぐに眠気がやって来て、二人はどちらからともなく瞳を閉じた。

どれ程時間が過ぎたのか、目を開けると、海を見つめながら呉さんは、低い声で歌を口ずさんでいた。

聞き取れない程の小さな声で、何度もずっと同じフレーズをくり返し歌っている。

昨晩、茶店の娘にリクエストした、おじいさんが大好きであった歌を口ずさんでいた。

何度も何度も飽きる事なく歌い続けていた。

うす目を開いて見つめている僕に気がついて、照れ臭そうに頭をかいた。

「私のおじいちゃんは偉い人でした。

まるで計算したように、丁度百歳の誕生日の前日に死んだのです……」

遠い日を想い出したのか、呉さんは誰に語るともなくつぶやき始めた。

「おばあちゃんが亡くなってから、ずっと一人で生活していたのです。私の両親と同居する事をいやがりましてね。

自分が長く住んだ古い家を出ようとしませんでした」

「おばあさんとの思い出を忘れたくなかったのかな」

「さあ、どうなのか。子供の私にはわかりませんでした。

おじいちゃんは東京で大きな中華料理店を昔やっていたんです。それに上海の軍幹部とも仲がよかった。高校三年になった時、おじいちゃんにこう言われました。

お前は軍人になりたいか。だったら偉い奴に会わせてやる。

それとも東京に行きたいか、ならば私立の芸術大学に入れてやる。どっちだ、とね」

「ほう。芸大で何を学べと」

「アニメです。今から二十年以上前ですね。その頃、中国のアニメーションはダメでした。だからその分野の先駆者になれと言ったのです。

私は何も考えずに東京を選びました。だって楽しそうだったから。

おじいちゃんのコネで大学行きました。でも、アニメはむずかしいし勉強に何かとお金かかりまして、二年でやめました」

「二年で？　もったいない」

「ええ。でもアニメはすごくつかれるいやな仕事です。なんでこんな事して中国で先駆者になれるのかって、毎日疑問に思っていました」

「いやな仕事といってもアニメ制作者って、そう易々となれるものでもないのでは」

「はい、そこです。私、制作なんて全く考えていなかった。毎日、何十時間もアニメーターの仕事をしていただけです。

一枚書いて二十円とか三十円とか、いやになっちゃった」

「大学やめた事、おじいちゃんに話しましたか」

「アニメは大変だから、いやっていいました」

「そしたら何と」

「ただ、そうかと言ったっきりです」

「やさしいといおうか、太っ腹といおうか」

「とてもやさしい人でした。でも自分にはすごく厳しい人だった。

おばあちゃんに死なれて一人で生活している時も、三度の食事や洗濯は、全て自分でしていました。

母がすると言っても聞き入れません。

百歳になるまでですよ。だから毎日家族の誰かが、夕食時に必ず顔だけは出していたのです。

いつもしっかりと扉にカギをかけていたのですが、死んだ日だけカギは開いていました。静かにベッドに横たわっていました。

おじいちゃんは立派な人だったと思います。

私は茶店の娘を見ていて思ったのですが、もしあの子に、何でも信用してゆるしてくれる家族がいれば、ああはならなかっただろうと」

「あの子は一人で生きていましたね」

「あっ、すみません。つまらない話をしました。私の家族の話なんて、どうでもいい話でした」

船内にスピーカーを通して男の大きな声が響いた。

「弁当をこれから売ると言っています。どうしますか」

「どうせそんなに美味しくないでしょ」

二人でそんな話をしている最中にも人々が大勢売場にいそぎ足で向って行った。

弁当一つで大混乱が始まった。

「やめましょう。バカらしい！」

呉さんがあきらめ顔で海を見つめ直した。

5

上海には夕方到着した。

呉さんとはホテルの前で別れた。

「じゃ、私は麻雀しに行きます」

それだけ言うと、呉さんは一度もふり向かずに帰って行った。

ホテルの中にある中華料理店で晩めしをとった。

きれいにもりつけられた料理はどれもまったく美味しくなく、何よりも、一人きりで食べる中華はこれほどまでにさびしいものかと、ほとんど口をつけずにのこしてしまった。

夜の空気を吸いに、ホテルを出た。

田舎街もいいが、上海のように猥雑《わいざつ》で混沌《こんとん》とした大都市が好きだ。

湿った空気が河から漂い、街中がよどんでいる。

見渡すビル群のそこかしこに、漢字のネオンが輝いている。

路行く人が、誰一人僕に興味を持たないのがうれしい。

都市の人々は自分が今これから何をしようかと、自分の事ばかり考えているのだ。

ホテルを出てすぐの所にアメリカからやって来た、きらびやかなだけで全くセンスのないバーが、ギターの形をしたネオンを光らせていた。

つい、ふらりと入ってしまった。

名物のライブ演奏もまだやっていなかった。

客もまばらである。

カウンターに腰かけ、スコッチをロックでたのむ。

カウンターのすみで小柄な褐色の男女四人が楽しそうに話していた。

フィリピン人であった。ここのバンド連中のようだ。

ポップコーンの、甘ったるいバターの焼ける匂いがする。
カウンターの中で中国人バーテンダーがクルクルと酒ビンを得意気に回していた。
店内に目をこらすと、テーブル席で四人の日本人達が緑色の作業着のまま、ビール
ジョッキ片手にむずかしい顔で仕事の話をしていた。
カウンターごしにバーテンダーがわかりやすい発音の英語で、
「あと三十分したらライブが始まります。楽しんで下さい」
と言って来た。
どの国の、どの街に行っても、この手の店の連中は同じ事を言う。
何故か急にいら立ちを覚えた。
しばらくすると欧米人の男達が店内に目立って増えた。
するとどこから来るのか、派手な服をまとった中国女がどんどんと店に入って来
た。
女達は男をさがしているのだった。
気の弱そうな欧米の若者がすぐ横のカウンターに立っていた。
ビールを注文し、恐る恐るフロアをのぞきこむ。
若い中国女と目が合うと、そっと頰を赤らめ、うつむいた。

何度も同じ事をくり返す若者。

黒髪が腰までのびた細身の若い女が、彼のすぐ横にやって来た。

彼は恥ずかしそうに「ハイ」と小さく手を上げ、またうつむく。

女は一重の切れ長な目でじっと若者の横顔を無言で見つめ続けていた。

視線に堪え切れなくなったのか、若者は、女に向き直り小さな声でもじもじと、

「元気かい？」

と聞いた。

すると女はやさしく若者の頭を両方の手のひらではさみ、彼の耳元に口をよせ、何かつぶやいた。

その間、女は僕をじっと見つめていた。

まるでこの男ならいくら払うだろうかと、値ぶみする瞳だった。

女にささやかれた若者は落ちつかない様子で、指でカウンターを「トントン」とたたきながら彼女に申し出た。

商談を終えたみたいな笑みを浮べた女は、そっと若者の腰に細くきれいにのびた腕をまきつけ、二人してどこかへ消えた。

ライブが始まった。

フロアの奥で、他の女より明らかに歳とった女が必死に自分をアピールしようと、腰をくねらせ踊っていた。

一曲終るとその女は、すぐさま初老の男をつかまえ、男のひざに座り、ビールを御馳走になっていた。

　真紅のチャイナドレスを着た若い女が僕の横にあらわれた。

「一杯おごってよ」とこびを売る。

「ああ、いいよ。好きなの飲めよ」

そう言うと、女はコーラを注文した。

「よくこの店は来るの？」女に聞いた。

「時々よ。友達と一緒にね。ほらあそこ……」

そう言いながら指さす方を見ると、女が三人こちらを向いて手をふってきた。

「遊びに来るにしても、ここ高いだろ」

そう言うと、女は急にしなを作り、先程の女のように耳元に口をよせつぶやいた。

「私、大学生なの。学費が高くて大変、ねえあなたの部屋へ一緒に行かない？」

「女房が部屋で待ってるんだけれど、それでもいいの？」

口からでまかせを言うと、女は大きく、

「チッ」

と舌うちをし、中国語で叫ぶと仲間の元へと歩いて行った。

「上海にはこんな娘、ごろごろしてますよ」

呉さんの言葉がよみがえる。

茶店の娘も、ここに来る女達も、みな一人で生きている。

新アジアパー伝

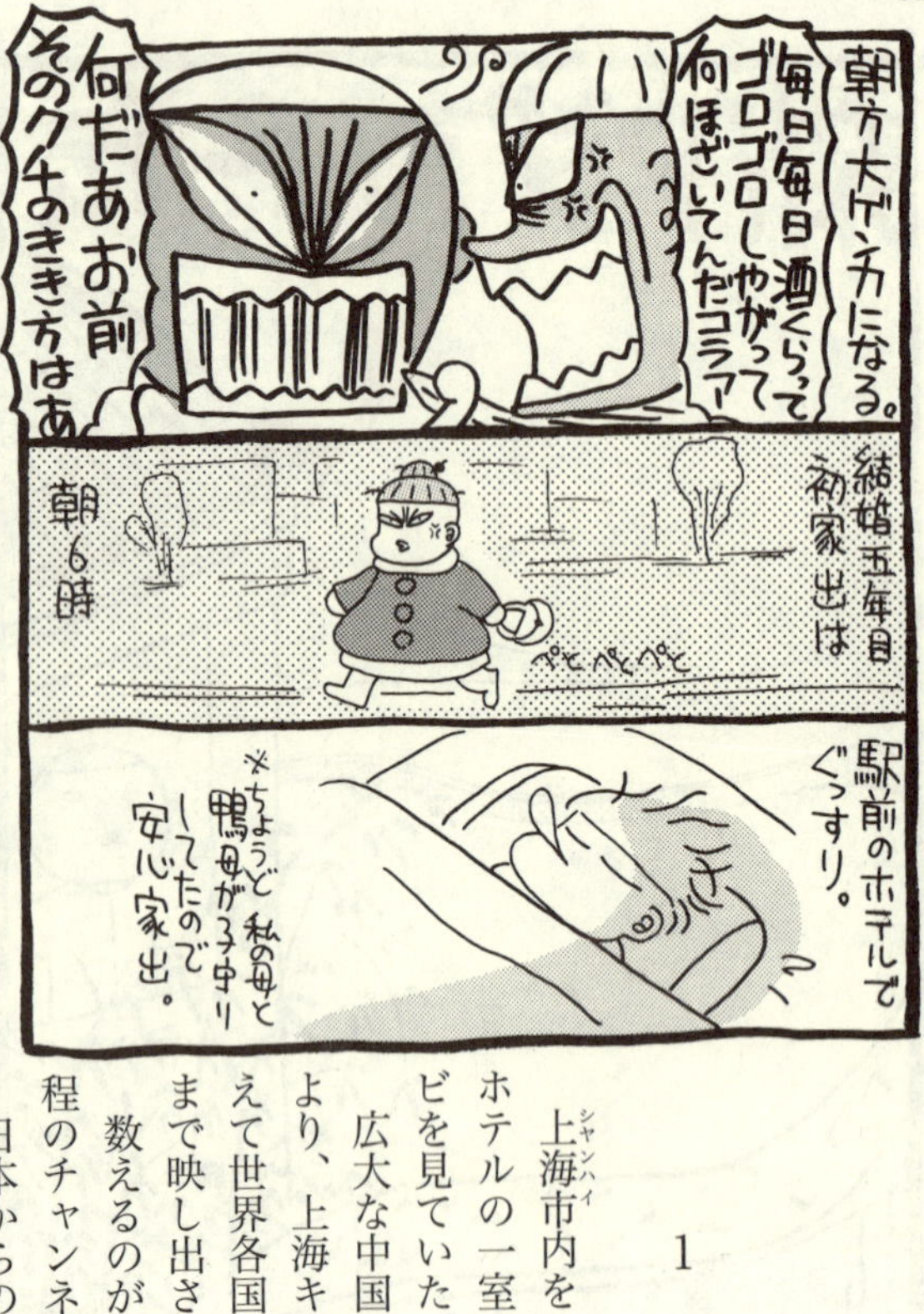
朝方大ゲンカになる。
毎日毎日酒くらってゴロゴロしやがって何ほざいてんだコラァ
何だあお前そのクチのきき方はあ
結婚五年目初家出は
朝6時
駅前のホテルでぐっすり。
※ちょうど私の母と鴨母が子守りしてたので安心家出。

1

上海《シャンハイ》市内を一望出来る高層ホテルの一室で、昼からテレビを見ていた。

広大な中国の地方局はもとより、上海キー局の番組。加えて世界各国からの衛星放送まで映し出されている。

数えるのがバカらしくなる程のチャンネル数であった。

日本からの番組を見ている

夕方体調ばっちりで目がさめる。さあ誰かに話を聞いてもらいたい。主婦のグチをねちねちと。
ところが
先月うまれてはじめて買ったケータイの電話番号入力の仕方がわかんなくてそのままほっていたワケ。なので誰のでんわ番号も入ってなくてしたがって
誰とも連絡できない。
とどいたメールアドレスならわかるので数少ない女友達に
今日もしヒマだったらお酒でも…
んしょんしょ
メールを送る。
誰も返事がこない。
青木さん
伊藤さん
ウスクラさん
ハセガワさん
アイちゃん
反省して下さい
私は孤独でした。

と、どうも北海道の民放局が制作した番組のようで、くり返し道内各地の雪景色と露天風呂を紹介していた。

上海のお金持ちは、どうやら冬の北海道旅行が夢であるらしい。

部屋の窓から市内を見下ろす。外はどんよりと灰色で、霧雨が降っていた。こんな日は外出する気にならない。

ベッドに横になり、チャンネルをせっかちに変えながら、テレビを見続けていた。

誰にも会わない。

誰とも話さない。

あもひとりいたあっ女友達
み
ぴぴぴぴぴぺぴぺ
即返事
キーケ、今からそっち行ってあげるっ元気出してのもーよ♡
ハードゲイさとちゃん
どしたのお心配しちゃったあ
さとちゃーん
なんかきのーのケンカより女友達が一人もいないって事が判明した今の方がショックでしー。

画面のすみに〝TVE〟と小さく映し出されたチャンネルに目が止った。

スペインのテレビ局であった。

濃い風貌の若い男女が、浜辺で見つめ合っている。CMだ。

画面が変り「スットコドッコイ、コノヤロウ」としか聞えないスペイン語のナレーションが流れる。イワシの缶詰めのCMであった。

あまりの脈絡のない展開に頭をひねっていると雲一つない青天の下、観客で満員にな

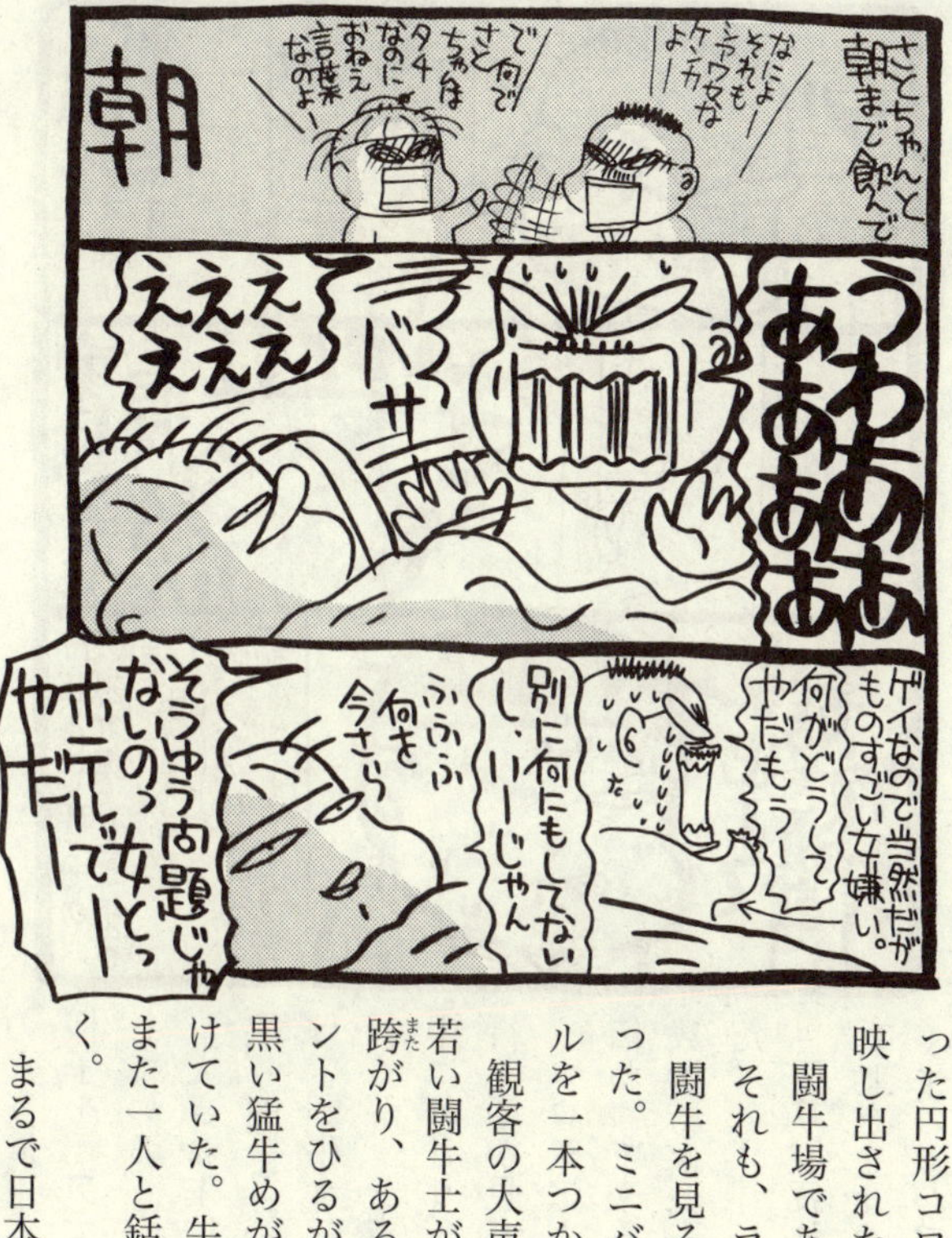

った円形コロシアムが突然、映し出された。

闘牛場である。

それも、ライブ放送だ。

闘牛を見るのは初めてであった。ミニバーから、缶ビールを一本つかみ出す。

観客の大声援の中、数人の若い闘牛士が、ある者は馬に跨《また》がり、ある者はピンクのマントをひるがえし、巨大な、黒い猛牛めがけ、鋭い銛《もり》を向けていた。牛の背中に一人、また一人と銛を突き刺して行く。

まるで日本のプロ野球中継

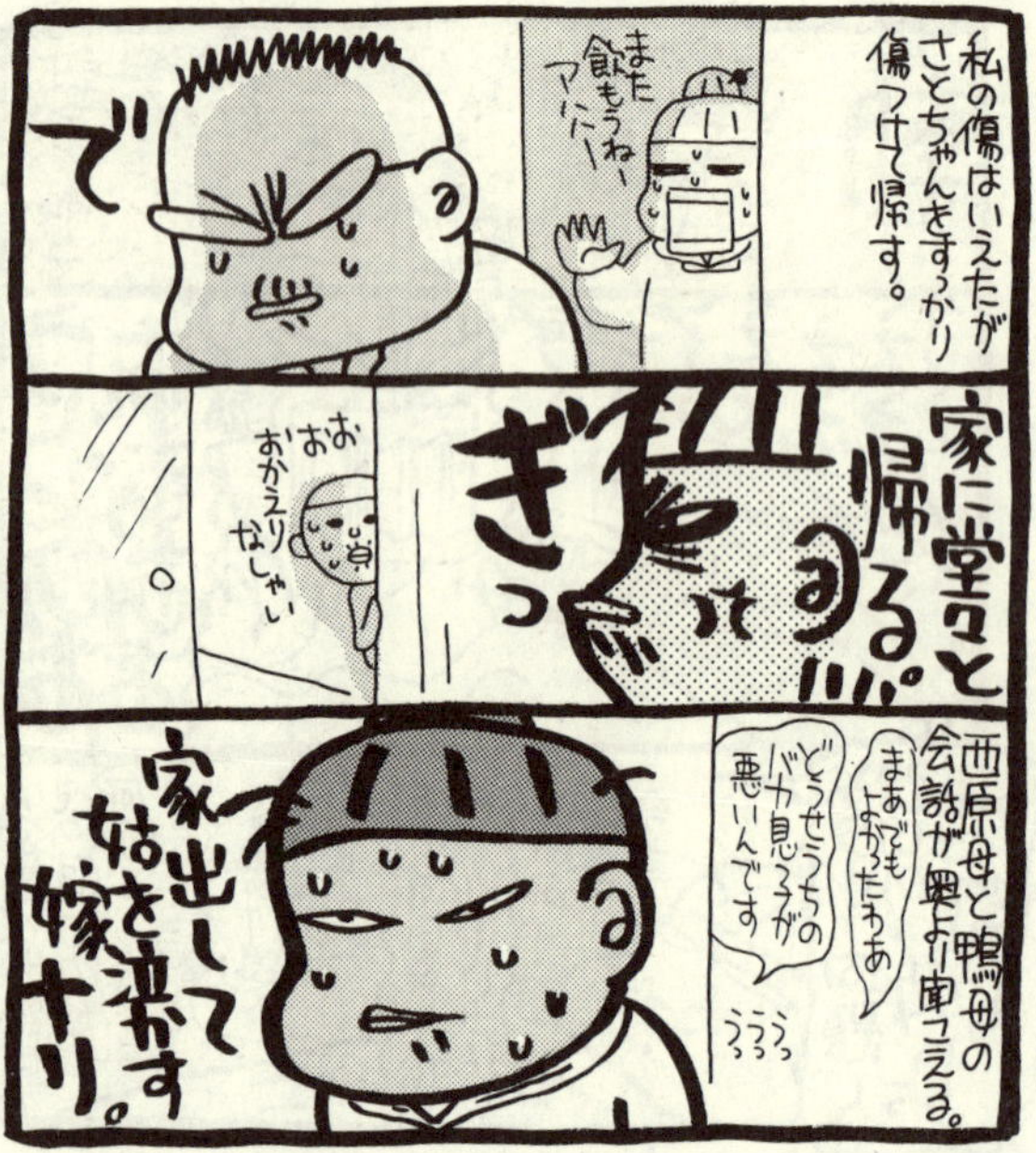

のように、人と牛が闘い合う様子を、アナウンサーが実況している。

大きな牛は何人もの人間に取り囲まれ、土ぼこりを上げ、闘牛士に向って突進して行くが、一本、二本と銛が背中に刺さり、少しずつ弱って行くのが見ていてわかった。

コロシアムの興奮と熱気が伝わって来る。牛の背中には数本の銛がぶら下がっていた。

弱り、疲れ果てた牛は、急に動きを止めた。荒い息をつく牛の顔がアップで映し出される。

そこへ、体にピッタリとはりついた色鮮かな服を着た男が真っ赤なマントと、先を地面に向けた長い剣を持って登場した。

体中がバネで出来ているようなその男は、尻を高く上げ、颯爽《さっそう》たる姿で牛に向って行く。

赤い布で牛を挑発し、突進してくる牛をひらりと身をひるがえしてかわす。

生死をかけた現場をライブ放送するスペイン人の感性に異和感を覚えながらも、それに見入っている自分におどろき、こんなものを白昼堂々放送する上海に、途方もない未来を感じた。

牛を走るだけ走らせ、弱りきったと見極めると、マタドールは左手にマントを持ち、右手の剣を水平にかまえ、牛をにらみつけた。

真っすぐに走ってくる牛の延髄めがけ剣を突き刺す。剣先はなかなか骨の間に入って行かない。

何度かの失敗ののち剣は、するりと根元まで牛の体内へとすべりこんだ。ドシンと大きな音を立てて倒れた。牛は絶命した。

「ふう」

と大きく息を吐《つ》いた時、ベッドサイドの電話が鳴った。

「どうも、キシダです」

低く野太い男性の声が受話器から響いて来た。

ついさっき絶命した猛牛が生まれ変って電話をしてきたような気がした。

「明日、帰国でしょ。今晩、うちでアルバイトしてくれてた留学生の女の子達の送別会を開くんですよ。よかったら来て下さいよ」

「いいんですか、邪魔になりませんか」

「ぜんぜん。あっ、でも街中渋滞しちゃってるなあ。一人でタクシーに乗って来て下さい。迎えの車を出すと時間がかかりますから。いいですか、メモして下さい」

「はっ、はいちょっと……ペンを……」

「延安中路一一二一号。じゃそこで一時間後に」

それだけ言って、プツリと電話は切れた。キシダさんは上海に来て十年。小さな会社を上海人の奥さんと経営している。

余計な事を全く言わない人である。

ホテルの前に停まっていたタクシーに乗り、運転手に行き先を書いた小さな紙きれを見せる。思っていた通り、

「何て名前の店だ？」

と中国語で言っているのが理解出来た。

たてこんだ中国語はわからない。日本語で答えるしかない。

「店の名前を知らないんだよ。とにかく、ここへ連れてってくれよ」

運転手はわかった、というように手を上げると無言で車を発進させた。

2

雨が降り続いていた。

そのせいか、渋滞はキシダさんの言う通り、いつにもましてひどかった。

所々に立てられている番地の書かれた看板を見つつ、運転手は集合場所へと車を着けた。立派な門構えのレストランの前に、キシダさんが、ニコニコと笑いながら立っていた。

「意外と早かったね」

そういうキシダさんの大きな背中をつい見てしまった。

マタドールの剣は刺さっていなかった。

「まあ、どうぞ」と言われ、店内へ入った。十人ほどが大きな円卓をかこみ、送別会はすでに始まっていた。

留学生の娘達は一目ですぐにわかった。日本からやって来た二人の若い娘はずらりと並べられた料理をつまんで、酒のせいか、頰をピンクに染めていた。

「いや、どうも、おつかれさん。新しい客人が来たという事で、あらためて乾杯！」

二人の留学生はペコリと頭を下げて、円卓にグラスの底で二度〝トントン〟と音を鳴らし、そのグラスの酒を一気に飲みほした。

上海式乾杯である。見よう見まねで同じようにした。

「どうぞたくさん食べて下さい。もう一人、今日で辞める女の子がまだ来てないんですけれど、いいですよ。いずれ来ますから」

それっきりキシダさんは一言も話さず、料理を食べ、酒を飲み続けた。

キシダさんには、僕がテレビを見て感じた、無口な闘牛のようなオーラが出ていた。

広い背中を丸め、葉巻きのような太い指で、小さな手長エビの老酒《ラオチュウ》漬けをつまみ、チューチューと吸っているキシダさんの四角い横顔が、突然僕のほうに向き直り、

「新しい会社、作ったんですよ。それでこの子達アルバイトに採用してたんです」

そう言うとまた、何事もなかったように肴《さかな》をつまむ。

話が自分達に及び、急に背すじをのばす留学生二人。キシダさんと僕の間で次に何が話されるのか気になる様子で、じっとこちらを見つめている。

「それでね……」

「はい」

「今日で終りました」

それだけ話して酒をあおり、目の前にある料理をばくばく食べ続けた。

娘達は「なんだ、それだけか」とホッとした顔で背すじをゆるめた。

「遅れて来《こ》る娘はこっちで他の仕事をしていて、留学生じゃないんですけれどね。まあ、いずれにせよ留学生って、気楽ですよね」

その話を耳にし、またも背すじをのばす留学娘。

その時であった。

「すみませーん。遅くなってしまいましてえ」

脂《あぶら》っこい、甘ったるい声を出す、髪を少し赤色に染めた女がやって来た。

のっそりと首を回し、女を見るキシダさん。

「空いてるところ、好きに座って」

平家蟹《へいけがに》の甲羅《こうら》といおうか、落ち武者が突然山から降りてきたというべきか、妙に迫力のある立派なつら構えの女が留学生のすぐ横に座った。

なぜか僕をじっと見つめている。

思わず目をそらしてしまう。

とりあえず、彼女を僕に紹介しなくてはと思ったのか、キシダさんは、

「この娘、アルバイトの女の子」

それだけ、であった。

「どうもはじめましてえ。わたし、上海生活長くってえー。日本の事、もうよく知らないんですよう。どちらからいらしたんですかあ」

「東京!」

僕の代わりにキシダさんが答えた。

キシダさんの横顔をのぞきこんだ。牛が後ろ足のひづめで赤土をけっている時の顔になっていた。

キシダさんの異変に気付き、留学生はまた背すじをピンとのばした。

「上海の事なら何でも聞いて下さーい。夜の情報までしっかりと持ってますからあ」

「いらない!」

キシダさんが答えた。

彼女はそれでもひるまなかった。

「お仕事させていただいてありがとうございましたあ。社長のおかげでいい勉強させてもらいましたあ」

「…………」

「あのう、次の仕事先も見つかりました」

「あっそう」

それっきりであった。

キシダさんは、腕時計をちらりと見やると、そばを通りかかったウエイトレスを呼びとめ、

「チェック」

と一言。

ポケットからメモ用紙とペンを取り出し、漢字で何か書きこんでいる。

「この娘達ともう一軒付き合わなくてはならないので、これをタクシーの運転手に見せて先に一人で行ってて下さい。後からすぐに私も行きます」

そう言って席を立ち、皆を引きつれ店を出て行った。

メモを見た。やはり店名が書かれていなかった。

3

タクシーは並木通の美しい旧フランス人居住区へと入って行った。

メモと番地を見比べながら運転手は、静かなたたずまいの一軒屋の前で車を停めた。

「ここか？」と日本語で聞く。

「ウンウン」と頷《うなず》く運転手。

暗がりの中に、か細く光る「ＢＡＲ」と書かれた小さな看板が見えた。

ここで間違いないだろう。黒塗りの大きな扉を開けようとすると、内側から誰かがドアを引いてくれた。

小さな顔の若い娘が黒いチャイナドレスを身にまとい微笑《ほほえ》んでこちらを見ていた。

「いらっしゃいませ。お一人ですか」

英語で話しかけて来た。

「いや後からもう一人来る」

そうつげると「どうぞ」と言い、階段を先に上り店内へ案内してくれた。ほど良い広さの店内には大きなグランドピアノが置いてあり、壁には小さな照明がいくつかともり、客達の顔をほのかに照らしていた。

週末という事もあってか、どのテーブルもカップルばかりである。

空いているテーブルに案内され、やわらかなソファーに腰を下ろし、改めて酔客を見回した。誰もが幸せそうに顔を上気させている。

「ご注文は？」

先程の娘が聞いて来た。

「スコッチをフルボトルで。それと氷。それだけでいい」

楽し気な女のクスクス笑いが他のテーブルから聞えて来る。

ウイスキーを喉《のど》に流し込んでいると、暗がりから男があらわれグランドピアノの前に座り、おもむろに弾き始めた。しばらく調律されていないのか、ピアノの音色は聴くにたえないものであった。

何の曲を弾いているのかもわからない。突然、男が、マイクを使って歌い始めた。弾き語りのつもりらしい。

とてつもない大音声でがなり立てる歌は、グラスの中のウイスキーに小さな波紋を作っている。

カップルは耳元で話さないと話が出来ない。

顔を近づけ見つめ合い、語り合っていた男女は、より一層体をよせ合い耳に手をかけ、抱き合うように座り直し始めた。

一人でいる僕はただじっと、選挙カーの拡声器のすぐ前に立たされているような拷《ごう》問《もん》に、堪えるしかなかった。

やみくもに飲み続けるしかない。男の歌はなかなか終ってくれなかった。

キシダさんもなかなか来ない。

ようやく歌が終った。しばらく僕の耳は全く何も聴えないでいた。

呆然として、頭の中が真っ白になっていると、どこかで見た女がこちらに向って歩いて来た。

「キシダさんがメモしていたの、こっそりのぞいちゃったの。御一緒してもいいかしら」

送別会に遅れてあらわれた平家蟹であった。

ここまで来た女に「いやだ」と言えるほど、僕はキシダさんみたいに強くはない。

「まっ、まあどうぞ」

「じゃあ、いただきます」

さびれた温泉街のキャバレーにいるような錯覚に襲われた。

「小姐《シャオチエー》」

とウエイトレスを呼び、上海語で何事かまくしたてている。

女のグラスが運ばれた。やけっぱちな気分で乾杯をした。ほどなくして大皿のフルーツ盛り合わせが運ばれて来た。

「何、これ？」

「カラ飲みって体に悪いでしょ。心配したのよ。キシダさんのお知り合いなんだから」

充血した目で僕をみつめてくる。

いたたまれず目をそらすしかない。

僕の想いなど全く気にもとめず、女はガブガブと酒を飲み、フルーツをパクついている。

気をとり直しフロアーを見つめていると、静かに働くウエイトレス三人は皆、スタイルが良く、長い黒髪はつややかで、美しかった。

向いのテーブルのキャンドルが消え、代りを持って一人のウエイトレスがやって来た。

ひざまずき、ろうそくに火を灯《とも》しているとどうしたはずみか、彼女の黒いチャイナドレスの前がはだけた。

火を点《つ》けるのに集中している。彼女はまったく気付いていない。

身をのり出し彼女の股間をまじまじと見つめる。パンツも黒であった。

やっと幸せな気分になれた。

相かわらず蟹女は酒を飲み続けていた。

「あのう……」

女が話しかけて来た。

「あなたは日本で書く仕事をしているって聞いたんですけれど」

「ああ、ほんの少しだけれどね」

「よかったら、ウフッ、私の事書いちゃってもいいわよ」

「書くって何を？」

「わたし、単身で上海に来てもう十年になるの。結構顔も広いのよ。何でも知ってるわ。色々なこと教えてあげる」

この女、さっきのレストランで「歳は二十二」と言っていた。

十二歳にしてひとりぼっちで海を渡って来たと言うのか。

「十二歳でたった一人で上海か、大変だったたねえ」

皮肉っぽく言うと、女は一瞬〝しまった〟という顔になったが、すぐに開き直り、

「自分でいうのもなんだけど、子供の頃から頭良かったのよ。国費留学ってやつなの」

嘘に嘘を重ねるどうしようもないバカ女である。

「キシダさんとはどこで知り合ったの？」

「私、今、男三人いるのよ。その内の一人の行きつけの居酒屋でキシダさんと知り合ったの。その頃仕事がなくて、キシダさんに相談したら、じゃあうちにこいって言ってくれたのよ」

現在上海に暮らしている日本人の数は、約五万人と聞いた。

以前、生活していたタイのバンコクよりも多い。五万人もいれば、今、僕の目の前にいるような女性がいても何ら不思議はない。

〝自由〟の意味をまともに考える事なく、いたずらに時間をもてあそんでいる己に気付こうともしない。

女は、中国で僕が初めて出会った〝大陸浪人〟だった。

自分のことを心配してくれている人が、必ずどこかにいるはずなのに、わからないでいる。

「裏社会とかもよく知ってるのよ」

「もういいよそんな話は。酒飲もうよっ、ねっ」

「男三人じゃ足りないかなーって、この間キシダさんにアプローチしてみたのよ。そしたらひどいの、一週間口きいてくれなかったわ」

会社勤めに全く必要のない真紅の付け爪でグラスの中の氷をかき回し、指を口元にもって行きペロリとなめた。

4

酔って来たのか、女はより一層しなを作り始める。

いやな予感が体を貫く。女の瞳が僕を射ぬく。

間の悪い事に暗がりから男がすっと姿をあらわし、ピアノの前に座ったではないか。

今まさにあの大声の歌が始まろうとしていた。

他のカップルはもう体をよせ始めている。

「あなたの横に座ってもいいかしら」

「ち、ちょっと、便所行ってくるよ」

便所に逃げこみタバコをふかし時間をつぶす。

それにしてもいつまでもこうしている訳にはいかない。

しょうがなく席にもどると、女は自分のグラスを僕の席の横に置き、酔った目でこちらをニラんでいた。

「長いトイレねー。ライブが始まっちゃったじゃないの。早くここに座りなさい！」

大声をはり上げながらソファーをばんばんとたたく女。

幸運なことに今度のライブは早く終った。

「ねー、もう帰らない？」

「いや、もう少しキシダさんを待ってからにするよ」

「ふん。意気地なし！」

しばらくして、巨体をゆすりながらキシダさんがやっと現れた。

「いやあ遅くなって、どうも」

女の姿を見たとたん、キシダさんの顔がこわばった。

「お前、何やってんだ、ここで」

低い声でうなった。

「えーっ、だって先に帰らされてつまらなかったしい、一緒にお酒飲んでただけですよ」

「いいからすぐに帰りなさい」

キシダさんはそう言って、僕のグラスに自分のグラスをコツンとぶつけた。

疲れがたまっているのか、ソファーにどっかりと座ると、首を大きく回した。

女はまだ立去ろうとしなかった。女のグラスに入ったウイスキーを見てキシダさんは、

「それ飲んだら帰って」

と言ったっきり、あっという間に眠り始めてしまった。

「あら、寝ちゃった」

女はニヤリとしてつぶやいた。

そのスキに女はグラスの中味を一気に飲み干し、手酌でウイスキーをなみなみと注《つ》いだ。

「う、うーん。おっと、いけない」

うめき声を上げながらすぐに目を覚ますキシダさん。

「大丈夫ですか、帰りましょうよ」

「いやいや平気。ところでお前、早くその酒飲んじゃえよ」

じっと女をにらみつけるキシダさん。でもしばらくすると、また寝てしまっている。

その度に女はガブリと一気飲みし、注ぎ足す。ずうずうしい女である。

「もう止めたら。キシダさんもああ言ってるし」

「なに言ってんのよ、ケチ臭い男ね。もう一本入れるからね。おーい小姐！」

緑色の陶器に入った、店で一番高そうなスコッチを勝手に注文する女。

キャップを開け、注ぎ足した。

「う、う〜ん」

キシダさんが再び目を覚ました。

「本当に大丈夫ですか」

「平気平気。近頃痛風になっちゃってね。薬を飲むと眠たくて。あれ、お前まだいたのか。帰れって言ってんだろ。あれれ、酒変ってない？」

「はい二本目。ほらキシダさんも寝てないで、ほら飲んだ！」

「お前って女は……」

それっきり何も言わなくなり、女を完璧に無視し、キシダさんは僕と話し続けた。

ほどなくして二本目のボトルも空になり、僕とキシダさんは、よれよれになってタクシーに乗りこんだ。

「もう、いいから、俺が送るから」

キシダさんは、そう言い放つと女をその場に置き去りにした。

タクシーの中でキシダさんと目が合った。

「しょうがないね」

とその目は語っていた。

「いやあ眠い。ホテルの部屋、ベッド二つあったでしょ。明日早いんでね、今晩泊めてくれる？」

「それは全くかまいませんけれど、家の方はいいんですか？」

「平気。さっき連絡しといたから」

部屋にたどりつくとバスローブに着替えるのももどかしく、キシダさんは大いびきをかき始めた。

そっとテレビを点けた。

闘牛の再放送が映し出されていた。

徐々に、だが間違いなく弱りゆく牛。

死の直前まで突進するしかない牛。

もしかしたらあの女も、キシダさんも、上海にいる日本人みんなが闘牛なのかもしれない。


（完）

あとがき

鴨志田　穣

子供の頃世界地図を広げてただ眺めているのが大好きだった。

図書館で何度も読み返したのは、インドのガンジス川には死体が布にくるまれて流れている、という話。

そのすぐ横の岸辺では人々は河の水を飲み行水をしている。

不思議な国だ。大人になったら行くしかない。

決めていた。

東南アジアでは、まだ戦争をしているという、そんな本もよく読んだ。

〝戦争〟って、なんだ。

これもやはり大人になったら見に行くしかない。そう決めた。

同時期に中国について書いている本も同じように読んだ。

ちっとも楽しくなかった。

当時の記憶をたぐりよせてみると、中国のイメージは、赤と軍服のカーキ色、この二色しか子供の僕の頭にはのこっていなかった気がする。

人々の生活がまるで本から見えてこずに、色だけ、それもたった二色しか記憶にないのだから、もちろん頭は悪いし子供であったが、よっぽど書き出せない事の多い〝遠い国〟だったのだろう。

インドも東南アジアも行って見て来た。数年暮らす事も出来た。

サハリンやイスラエル、戦火のサラエボへも出かけた。

赤とカーキ色のイメージしかない国は、いつも気にはなっていたのだけれども、つい「いずれね」と後回しにしていた。

数年前、日本に帰り、とある街を歩いた。

突然、色がついた。

中国人のなんと多いこと。

その増殖ぶりは一体どうしたというのだ。

行くしかない、と決めた。

なめるような旅で、なおかつ酒ばかりの日々であったが、おかげで見えたものもある。二色の呪縛からはどうにか逃れる事が出来た。

再見！

文庫版あとがき

ある朝、腹がどうも張って気持ちが悪いなあと思っていると、レバーの匂いのげっぷが出る。変だと思っていると急にはき気がやってきた。レバー臭い息はひどくなってくる。

「こりゃ変だぞ」と思っていると急激にはき気がして、台所へ走ってゆくとまっ赤な血が口からふき出した。

これは明らかにおかしいと思い、今度は便意をもよおしたのでトイレに行くと、コールタールのような便がふき出した。

気絶一歩手前のかすむ目に、テーブルの上に置いてある空っぽの焼酎のビンが入ってきた。

「ついにきたか」

声をふりしぼって母を呼び、救急車を呼んでもらい、大学病院へと向った。

すぐにICUに運ばれ、点滴を打たれ、鼻の穴から胃まで細いチューブを入れられた。

細いチューブを伝って血が〝ツーッ〟と流れ落ちてくる。

ひどい貧血で頭がボーッとしていると、輸血が必要だと医者は言う。

同意書を書かされた後、トマトジュースの入ったようなパックがチューブを通して血管にぶちこまれた。

十七歳から休む事なく飲み始め、海外生活をしてもやまず、中国大陸では〝白酒〟という度の強い酒を朝から飲《や》っていた。

いつしか手はふるえ、豆など小さな物は箸《はし》で持てなくなっていた。

「食道静脈瘤です」

医者から静かに言われたのは二年半前。

とても危険な病気だそうで、二回やれば命はないと言われているそうだが、僕は七回やった。原因はもっぱら酒で、断酒すればほぼ間違いなく治るそうなのだが、僕は酒をやめなかった。

その内、酒が原因なのか〝うつ〟がやってきた。

部屋から一歩も出ない。たまに出るとしたら酒を買いに出るだけ。

人からバカにされているのではないかと、いつもおびえていた。

これではいかんと、アルコール病棟に入った。

色んな人がいた。

学者から、元会社社長、やくざ……。

うつは治らなかったが飲酒の方はどうにかおさまった。

院内にいるとちっとも酒を欲しいと思わないが、一歩外に出るとすぐに飲んでしまうそうだ。

やくざが、

「酒なんか止める事ねえさ、またおかしくなったら病院に入ればいいんだから」

彼は八回入院していた。指も八本しかなかった。

それから僕の断酒生活は六ヵ月続いた。

ある日、ぶらりと定食屋に入り、おかずの〝奈良漬け〟を食べた。

これがいけなかった。

コンビニの前を通り過ぎようとしたら、ついカップ酒を買っていた。

依存症の人は〝奈良漬け〟に気をつけなくてはいけない。

それから僕は酒をまた飲り始めた。

〝うつ〟もかさなって食事も摂《と》らず、二ヵ月もした頃、腹はぱんぱんにふくらみ、小便はコーヒー色になっていた。

どうも頭が重いなと道を歩いていると、また例のレバー息の匂いが口からしてきた。

「またやっちゃったかなあ」

急いで家に帰り、ふとんをしいて横になっていると、いやなはき気がやってきた。もうだめだと台所へ行くと案《あん》の定《じょう》まっ黒な血がふき出した。それからしばらく気を失い倒れていると、運のいい事に外出していた母がすぐに帰ってきて、またまた救急車のお世話となった。

点滴の針を何本も刺し、ベッドにボーッと横になっていると、何度も入退院をくり返しているので何人ものナースがやってきてニコニコと笑っている。

顔は満面に笑みを浮かべているが、誰か一人、小さな声で、「バカ」と言った。

「バカ」か、心の中でずーっとその言葉が消えず、入院は二ヵ月にもなった。

後から見舞いに来てくれた人々は皆、〝もうだめだ、死ぬ〟と見ていたそうだ。

車椅子で病院の中を歩いていると、何人もの白装束にまとわれた人々がストレッチャーにのせられている。

人の命はわからない。
今はたまにビールを口にする。
命が惜しいのではない。
まだ止まりたくないのだ。
やり残した事は数えきれないほどある。
父親として何もしていない。
不義理をした人に何のお返しもしていない。
まだ少しは命はあるだろう。
しなくてはいけない事はわかっている。
ただ、依存症の人、〝奈良漬け〟には気をつけて下さいね。
金田明年氏に感謝。

二〇〇六年二月二十日

鴨志田　穣

初出／「小説現代」'01年11月号〜'02年12月号掲載（'02年8月号を除く）「新アジアパー伝」改題

本書は二〇〇三年三月、小社より単行本として刊行されました。

|著者|鴨志田 穣　1964年神奈川県生まれ。高校を卒業後、風来坊生活を続けるが、なんとなく片道切符でタイへ。現地でひょんなことからビデオカメラ片手のフリージャーナリストに。著書に『アジアパー伝』『どこまでもアジアパー伝』『煮え煮えアジアパー伝』『最後のアジアパー伝』『カモちゃんの今日も煮え煮え』など。

西原理恵子　1964年高知県生まれ。強烈な作風で大人気の漫画家。文春漫画賞を受賞の『ぼくんち』は阪本順治監督で映画化された。他の著書に『営業ものがたり』で完結した、ものがたり三部作、『毎日かあさん』『ちくろ幼稚園』『サイバラ茸』のシリーズなど。

もっと煮《に》え煮《に》えアジアパー伝《でん》

鴨志田《かもしだ》 穣《ゆたか》|西原理恵子《さいばらりえこ》

講談社文庫

定価はカバーに
表示してあります

2006年3月15日第1刷発行

発行者――野間佐和子
発行所――株式会社　講談社
東京都文京区音羽2-12-21　〒112-8001
電話　出版部（03）5395-3510
　　　販売部（03）5395-5817
　　　業務部（03）5395-3615

Printed in Japan

デザイン―菊地信義
本文データ制作―講談社プリプレス制作部
印刷―――豊国印刷株式会社
製本―――有限会社中澤製本所

落丁本・乱丁本は購入書店名を明記のうえ、小社業務部あてにお送りください。送料は小社負担にてお取替えします。なお、この本の内容についてのお問い合わせは文庫出版部あてにお願いいたします。

ISBN4-06-275339-1

講談社文庫刊行の辞

二十一世紀の到来を目睫に望みながら、われわれはいま、人類史上かつて例を見ない巨大な転換期をむかえようとしている。

世界も、日本も、激動の予兆に対する期待とおののきを内に蔵して、未知の時代に歩み入ろうとしている。このときにあたり、創業の人野間清治の「ナショナル・エデュケイター」への志を現代に甦らせようと意図して、われわれはここに古今の文芸作品はいうまでもなく、ひろく人文・社会・自然の諸科学から東西の名著を網羅する、新しい綜合文庫の発刊を決意した。

激動の転換期はまた断絶の時代である。われわれは戦後二十五年間の出版文化のありかたへの深い反省をこめて、この断絶の時代にあえて人間的な持続を求めようとする。いたずらに浮薄な商業主義のあだ花を追い求めることなく、長期にわたって良書に生命をあたえようとつとめるところにしか、今後の出版文化の真の繁栄はあり得ないと信じるからである。

同時にわれわれはこの綜合文庫の刊行を通じて、人文・社会・自然の諸科学が、結局人間の学にほかならないことを立証しようと願っている。かつて知識とは、「汝自身を知る」ことにつきていた。現代社会の瑣末な情報の氾濫のなかから、力強い知識の源泉を掘り起し、技術文明のただなかに、生きた人間の姿を復活させること。それこそわれわれの切なる希求である。

われわれは権威に盲従せず、俗流に媚びることなく、渾然一体となって日本の「草の根」をかたちづくる若く新しい世代の人々に、心をこめてこの新しい綜合文庫をおくり届けたい。それは知識の泉であるとともに感受性のふるさとであり、もっとも有機的に組織され、社会に開かれた万人のための大学をめざしている。大方の支援と協力を衷心より切望してやまない。

一九七一年七月

野間省一

島木健作
第一義の道・赤蛙
解説＝新保祐司　年譜＝高橋春雄
〈義〉に生きようとしつつも、それを果たせぬ焦燥と苦悩を描いた「第一義の道」、心境小説の名作「赤蛙」等、六篇を収録。求道的な精神を貫いた島木の文業を精選。
LO1　198435-7

アントーニーヌス・リーベラーリス
メタモルフォーシス　ギリシア変身物語集
訳・解説＝安村典子
神は死すべき身の人間の果てしない欲望を憎み時に憐み、鳥や獣や星に変身させる。善悪の判断や装飾を加えず素朴に力強く物語る41篇。ギリシア語原典からの本邦初訳。
アA1　198436-5

小山冨士夫
徳利と酒盃・漁陶紀行　小山冨士夫随筆集
解説＝森孝一　年譜＝森孝一
考古資料に基いた陶磁史を確立した世界的研究家であり作陶家であった小山冨士夫。「陶は人なり」をモットーに酒、陶磁を愛で交友を愉しんだその足跡をたどる随筆集。
こO1　198434-9

講談社文庫　目録

講談社文庫　目録

酒井順子　結婚疲労宴
酒井順子　ホメるが勝ち！
酒井順子　少子
佐野洋子　嘘ばっか〈新釈・世界おとぎ話〉
佐野洋子　猫ばっか
佐野洋子　コッコロから
佐川芳枝　寿司屋のかみさんうちあけ話
佐川芳枝　寿司屋のかみさんおいしい話
佐川芳枝　寿司屋のかみさんとっておき話
佐川芳枝　寿司屋のかみさんお客さま控帳
佐川芳枝　寿司屋のかみさん、エッセイストになる
桜木もえ　ばたばたナース秘密の花園
桜木もえ　ばたばたナース美人の花道
桜木もえ　純情ナースの忘れられない話
斎藤貴男　バブルの復讐〈精神の瓦礫〉
佐藤賢一　二人のガスコン(上)(中)(下)
佐藤賢一　ジャンヌ・ダルクまたはロメ
笹生陽子　ぼくらのサイテーの夏
笹生陽子　きのう、火星に行った。

佐伯泰英　変《へん》化《げ》〈交代寄合伊那衆異聞〉
佐伯泰英　雷鳴〈交代寄合伊那衆異聞〉
司馬遼太郎　王城の護衛者
司馬遼太郎　俄《にわか》〈浪華遊侠伝〉
司馬遼太郎　妖怪
司馬遼太郎　尻《しり》啖《くら》え孫市
司馬遼太郎　真説宮本武蔵
司馬遼太郎　風の武士(上)(下)
司馬遼太郎　戦雲の夢
司馬遼太郎　最後の伊賀者
司馬遼太郎　新装版　播磨灘物語　全四冊
司馬遼太郎　新装版　箱根の坂(上)(中)(下)
司馬遼太郎　新装版　アームストロング砲
司馬遼太郎　新装版　歳月(上)(下)
司馬遼太郎　新装版　おれは権現
司馬遼太郎　新装版　大坂侍
司馬遼太郎　新装版　北斗の人(上)(下)
司馬遼太郎　新装版　軍師二人
司馬遼太郎 海音寺潮五郎　日本歴史を点検する

司馬遼太郎 陳舜臣 金達寿　歴史の交差路にて〈日本・中国・朝鮮〉
司馬遼太郎 井上ひさし　国家・宗教・日本人
柴田錬三郎　岡っ引どぶ　正・続〈柴錬捕物帖〉
柴田錬三郎　お江戸日本橋(上)(下)
柴田錬三郎　三国志〈柴錬痛快文庫〉
柴田錬三郎　江戸っ子侍(上)(下)
柴田錬三郎　貧乏同心御用帳
城山三郎　ビッグボーイの生涯〈五島昇その人〉
城山三郎　この命、何をあくせく
白石一郎　火炎城
白石一郎　鷹ノ羽の城
白石一郎　銭の城
白石一郎　びいどろの城
白石一郎　庖丁ざむらい〈十時半睡事件帖〉
白石一郎　観音妖女〈十時半睡事件帖〉
白石一郎　刀〈十時半睡事件帖〉
白石一郎　犬を飼う武士〈十時半睡事件帖〉
白石一郎　出世長屋〈十時半睡事件帖〉
白石一郎　おんな舟〈十時半睡事件帖〉

2006年3月15日現在